U0552580

我在伦敦卖豪宅

金牌房产经纪人日记

[英] 麦克斯 —— 著　木木 —— 译

中信出版集团 | 北京

图书在版编目（CIP）数据

我在伦敦卖豪宅：金牌房产经纪人日记/（英）麦克斯著；木木译. -- 北京：中信出版社，2025.4.
ISBN 978-7-5217-7343-9
  I. F293.3
中国国家版本馆 CIP 数据核字第 2024KK9556 号

Highly Desirable: Tales of London's super-prime property from The Secret Agent by Max
Copyright © 2023 Secret Agent
Simplified Chinese translation copyright © 2025 by CITIC Press Corporation
ALL RIGHTS RESERVED
本书仅限中国大陆地区发行销售

我在伦敦卖豪宅——金牌房产经纪人日记
著者：　　　［英］麦克斯
译者：　　　木木
出版发行：中信出版集团股份有限公司
　　　　　（北京市朝阳区东三环北路 27 号嘉铭中心　邮编　100020）
承印者：　　北京通州皇家印刷厂

开本：880mm×1230mm 1/32　　印张：10　　字数：204 千字
版次：2025 年 4 月第 1 版　　　　印次：2025 年 4 月第 1 次印刷
京权图字：01-2025-0353　　　　　书号：ISBN 978-7-5217-7343-9
定价：58.00 元

版权所有·侵权必究
如有印刷、装订问题，本公司负责调换。
服务热线：400-600-8099
投稿邮箱：author@citicpub.com

这本书送给我的父亲,
同时纪念我的母亲

作者声明

为了保护客户隐私,本书中的人物细节我都做了虚化处理,只着重展现他们的个性特征和交易心态。

Contents

目录

Prologue

序幕 —————————— 001

如果你要帮别人找到合适的房子，一个属于他的家，你们的关系需要足够亲密。你需要充分了解对方：他想要什么？他喜欢什么样的生活？对他来说最重要的是什么？为什么重要？

January

一月 —————————— 012

我们只要稍加努力，能做到守时、礼貌、及时回电话回消息、掌握专业知识、充分了解市场、不过度推销、态度真诚，就能超越大部分竞争对手，成为金牌经纪人。与客户建立关系是成功的前提，但不能急于求成，建立关系需要长时间的磨合。

February

二月 —————————— 051

我总是建议客户，同一套房子至少要看三次，而且要挑选一天中不同的时间段去看，以确定自己是否真的想买。如果是以前不熟悉的区域，我会建议他们在晚上、周末的早上和工作日到附近走走，感受一下周围的环境。

March
三月 —————————————— 101

人们买房子时容易有从众心理，也就是羊群效应：如果有一只领头羊做出了决策，那么整个羊群就会模仿这只领头羊的一举一动，领头羊到哪里去吃草，其他的羊也跟着去哪里。如果有人对某个房产项目感兴趣并给出报价，其他买家会自然而然地觉得这个项目是有价值的。我们联系过的几个买家已经表示了兴趣，现在是时候采取行动了，得让他们知道，他们随时可能失去这个房子。在心理学中，这叫损失厌恶。

April
四月 —————————————— 119

在我20年的职业生涯中，帮助很多人卖掉了老房子。我知道，要离开自己住了几十年的家是非常痛苦的，因为要和过去彻底告别，同时又要面对不可知的未来。

May
五月 —————————————— 144

干这一行20年，我悟出一个真理：我无法说服别人做出我希望他做的选择。我能做的只是告诉他，我认为什么是正确的选择。

June
六月 —————————————— 157

关于定价有两种观点。其中一种观点主张用较低的定价吸引更多人前来看房，然后引导大家竞价。这个策略一旦奏效，各个买家就会在一轮轮的竞价中不断提高报价，最终报价会比最初的定价高出许多。另外一种观点是采用传统做法，直接定高价，耐心等待"愿者上钩"。

July

七月 ──────────── 177

　　带客户看房也是一门艺术，有点像排演一场舞台剧。通常情况下，你会陪客户从前门进入。走进来以后，接下来该去哪里呢？是先到地下室然后再上来，还是先上到顶楼然后一层层往下看？关键点在于，你准备在哪里结束参观。我每次都会精心规划看房路线，把比较糟糕的体验安排在看房过程的中间，在看房开始和结束时，都要给人留下美好而愉悦的印象。

August

八月 ──────────── 201

　　我通常不会等一批人走了之后再安排另一批人来，而是让他们的看房时间有重叠，这样可以制造紧迫感和竞争氛围。

September

九月 ──────────── 227

　　所有客户，包括亿万富翁在内，无论一个东西售价是多少，他们都不会去计较是否合理，他们只想要一个力度很大的折扣，这样他们会感觉买得很划算。

October

十月 ──────────── 247

　　我们通常采用独家代理的方式，这样可以把控哪些房源挂牌上市，哪些房源场外交易，可以自主管理一切事务，制定清晰的战略，确保拿到最佳报价。如果是多家代理，大家为了争取成交就难免剑走偏锋，而这样做会扰乱市场。

November

十一月 ——————————— 270

定价一定要实事求是,如果定得过高,只能面临卖不出去的结局。

December

十二月 ——————————— 295

建筑的美很大程度上取决于它所处的环境,"看得见风景的房间"才是最有魅力的。

Acknowledgements

致谢 ——————————— 310

Prologue

序幕

她提议说:"我们去喝杯咖啡怎么样?"

就等着这句话呢。

我立刻说:"好啊!"

她是一位奥斯卡奖得主,准备在伦敦买一套公寓,委托我做她的买方经纪人。我刚带她看了一套,平平无奇,没什么亮点。去之前我找好了一个喝咖啡的地方,希望看完房子后能和她喝杯咖啡聊聊天,拉近一下关系。

风很大,几乎盖过了说话的声音。走过两条街道,我觉得该寒暄几句了,于是问她周末过得怎么样。她微微点头,又指了指风,意思是等进入室内再说。

好吧,我准备好的这些寒暄话题——关于她参演过的代表作、她的演员同行以及某位明星的传闻——就稍后再聊。

刚一走进咖啡馆,我感觉到外套口袋里的手机在震动。真应该把它塞进包里,这样就不会被打扰了。现在到了关键时刻,我可不能分心。我必须思路清晰,头脑冷静,全神贯注。我要如数家珍地介绍这套待售公寓的所有相关信息:同类型公寓的销售情况、翻新需要投入的成本、每平方英尺的单价、预计的成交速度、卖家的概况等等。

我看了一眼来电显示的号码:完了,我只能分心了。

这是一通必须接的电话。

来电话的人,我称他为"亿万富翁"。在我的客户、朋友和家人里,他是唯一采用如此激进的方式沟通的人。他会让他的私人助理不间断地给我打电话,直到我接听为止。他从不留言,每次都是夺命连环call。有一天我大意了,晚上7点钟开始泡澡,进浴室的时候没带手机,结果40分钟后出来,发现有他的43个未接来电。

今天的电话我必须立即接听。我在帮亿万富翁卖房子,正处于悬而未决的状态。他准备出售的公寓在当初购买和翻新时未能取得建筑合规的批文,所以买家有点犹豫。他向买家发出了最后通牒:如果今天下班前不签约,这笔交易就取消。

我知道他是认真的。

为他服务的这15年里,我最清楚的一件事就是,他绝不会放空话。

我得让双方律师协商一个解决方案,看看买家能否让步,再看看是否有一点点可能说服亿万富翁采取理性的做法。

不，不太可能。

但我必须挽救这个单子，我必须把这套价值 2200 万英镑（约合人民币 2 亿元）的公寓卖出去，这样就能解决新冠疫情造成的现金流问题，我们团队四个人的收入也有了保障。

我本来打算好好研究一下桌上的有机果汁，和奥斯卡奖得主讨论螺旋藻和姜黄哪个排毒效果更好。这样才能和客户拉近关系、建立友谊，对吗？最近两个月我一直在帮她找房子。她礼貌、守时，看房时会和门房打招呼（这是我判断一个人品性的试金石）。但是我们还没有发展成私人关系，聊天只停留在业务层面，缺乏更深层次的交流。现在是增进了解的好时机，可是，我又即将搞砸这一切。

如果你要帮别人找到合适的房子，一个属于他的家，你们的关系需要足够亲密。你需要充分了解对方：他想要什么？他喜欢什么样的生活？对他来说最重要的是什么？为什么重要？是厨房朝东，可以沐浴清晨的阳光，还是可以和家人一起放松、娱乐、共进晚餐？是需要一个安静、适合独处的空间，还是喜欢按照完美的帕拉第奥[1]比例设计的房间？

我本来可以借着这次喝咖啡多了解对方，可惜，这个机会被我浪费掉了。

---

[1] 帕拉第奥，文艺复兴时期的意大利建筑师，其建筑设计作品非常注重对称及比例美。——编者注（如无特殊说明，本书注释均为编者注）

我满怀歉意地说:"实在不好意思,我突然有点急事,得先走一步。"

"呃!"奥斯卡奖得主有点惊讶:这位房产经纪人刚才还在热烈讨论着果汁排毒,怎么突然说要走?"那下次有机会再聊。"她很快又恢复了灿烂的笑容。

我一边结账一边叫了辆出租车,走出咖啡馆,顶着小威尼斯[1]的狂风,我给亿万富翁发了个信息,说5分钟以后会给他打电话。这会儿风太大了,根本没法说话。在等出租车的时候,我努力让自己冷静下来,心中暗想:必须成交,必须!

一坐上车,我就立刻给亿万富翁打电话:"您好,实在抱歉,刚刚正在和……(我说出了奥斯卡奖得主的名字——这是事实,有什么不能说的?)谈事情,不过一接到您的电话我马上就出来了。"

"告诉他们,交易取消了。"亿万富翁根本不为所动。

"您说什么?"汽车里的音响声音实在太大,让人心烦。

"先生,您能把声音调小点吗?"我对司机说。

"怎么回事?"亿万富翁咆哮着。

"您不是说可以等到今天下班吗?"

"我改主意了,我感觉他们没有诚意。"

---

[1] 伦敦的小威尼斯(Little Venice)是沿摄政运河而建的观光景区,远离城市的喧嚣,遍布着维多利亚早期的风格建筑,风景如画,随处可见运河上停泊的船只,和意大利的水城威尼斯有几分相像,故而得名。

"别这样,您已经投入了那么多时间和精力,我们过了今天再决定好吗?就当给我个面子。"我极力掩饰着绝望,故作轻快地说。

电话那头鸦雀无声。

"建筑合规这块真的有问题,他们本来打算融资的,没有批文,他们就无法获得融资。"

"要是买不起,那就去他的吧,别再浪费我的时间。"

"不是不是,他们真的很有诚意要买,也不是买不起,融资是有经营方面的考虑,如果现在取消交易,我们又得重新找买家。"

"你到底站在哪一边?"

"当然是您这边,一直都是。"我的回答必须明确。一直都是!

对方又是一阵沉默。

"您看这样行吗?我们就把时间宽限到今天之内,如果不签约,那就取消交易,我请您去丽兹[1](这是亿万富翁最喜欢的地方)吃午餐,葡萄酒任您选。如果今天最终签约了,那就您请我吃午餐。"

我知道他最喜欢赌一把。

---

[1] 丽兹酒店被誉为"世界顶级豪华酒店",已有100多年的历史。它以最周到的服务、最奢华的设施、最精美的饮食和最高昂的价格而享誉世界。全世界只有三家丽兹酒店,分别位于巴黎、伦敦和马德里。

接下来是难熬的等待。空气一片死寂,我尽力忍住不再说话,耳边隐约传来席琳·迪翁的歌声。

终于,他开口了。

他的回答很简短:"可以。"

"您同意啦!"我紧跟着再次确认。

一个意料之外的危机解除了,可重头戏还在后面。

挂断电话后,我对司机说:"您现在可以把声音调大了。"

席琳·迪翁的副歌响起:It's all coming back to me.(那些回忆又回来了。)

"It's all coming back to me."出租车在马厩别墅[1]前停下,我的办公室到了。

*****

走进办公室,几个同事齐刷刷看向我,只有娜塔莎没抬头。看来,亿万富翁的私人助理已经轮番给他们打过电话了。

"发生什么事了?"约翰问道。

"我必须在下午6点前挽回这一单。"

"老兄,我们能帮什么忙吗?"达米安一边说,一边放下手

---

[1] 马厩别墅(Mews House)是伦敦著名的历史建筑类型,其历史可以追溯到18世纪,那时都归英国贵族所有,主要用于安置私家马匹。如今的马厩别墅承继了当年的贵族属性,大多位于伦敦市中心的黄金地段,底层是临街的私人车库(曾经的马厩),楼上是独立住宅,在寸土寸金的伦敦非常受欢迎。

中的杠铃。他居然还穿着运动服！我在心里默默给他记了一笔，下周一开例会时得说说这个问题。

娜塔莎还是头也不抬，一直盯着眼前的什么东西。

"我去买咖啡吧，"约翰说，"麦克斯，你是要双份浓缩咖啡吗？"

"是的，谢谢。"

"我要脱脂拿铁。"娜塔莎终于抬起了头，懒洋洋地说，"那我们的'董事会'是不是要推迟了？"

所谓"董事会"（the board），其实就是"白板会"[1]，这是我们每天早晨进办公室要做的第一件事，也是最重要的一件事。白板上列着待售的房产、售价、已经收到的报价以及我们想要拿下的客户。我们是房产经纪人，专门销售伦敦超级黄金地段的房产，通常只在场外交易[2]。我们也会代表客户买房，帮他们与卖家沟通、谈判、议价，抢在别人前面，以最合适的价格买

1　board 在英文中既指"董事会"，也指"布告板"。
2　场外交易（off-market）指房产不在市场上公开发售，交易完全秘密进行，外界不会有任何消息。业主选择场外交易的原因是多种多样的：（1）隐私性和保密性。比如名人不想让外界知道他要出售房产。买家或卖家希望保持交易的隐私性。（2）特殊需求：某些交易可能涉及特殊需求或条件，无法通过公开市场实现。例如，大宗交易、定制化产品或服务、特定地区的房地产交易等。（3）价格因素：在公开市场上，资产的价格通常由供需关系和市场参与者的竞争决定。然而，在某些情况下，买家和卖家可能希望在没有市场干扰的情况下进行交易，以便更好地控制价格和交易条件。（4）快速交易：在某些情况下，买家和卖家可能需要快速完成交易，而不愿意等待公开市场上的交易流程。业主想快速出售旧房子，不愿等待漫长的竞价时间，因为可能已经锁定了下一套房产。

下心仪的房产。我们的业务已经扩展到伦敦以外甚至国外，但核心业务仍然集中在伦敦地价最昂贵的行政区。这是一份和人打交道的工作，所以必须和各色人等搞好关系，包括门房、管家、私人助理、律师、建筑师、设计师、顾问等等。

约翰在门口停住，好像有话要说。我正准备给买方律师打电话，在参与这次房产交易的两位律师中，他的态度比较友好。我回头看了看约翰，做出一个疑问的表情。

"你肯定没想到，我差点就和她合作了……我们一起试过镜，感觉特别好……可是制片人只看名气，真可笑，片子最后拍得很烂。"

"你说的是？"

约翰解释说："哦，我说的是奥斯卡奖得主，我们认识。"

"那太棒了，约翰，我们找时间再聊！"

* * * * *

两个小时后，我和买方律师彻底谈崩了。他坚持要求先补上建筑合规的批文再继续谈，可这需要几周甚至几个月的时间，而且很有可能拿不到。地方议会本来就很反感我们这些经纪人软磨硬泡，用尽各种方法促成高价房产的交易，更不能容忍某些目空一切的业主无视规则，不按正当程序办事。亿万富翁的律师也不知该如何是好，我们几个都陷入了僵局。

我只能眼睁睁地看着这个单子就快黄了。我想象着团队解散以后，约翰在地下通道表演歌舞剧，达米安买了一张回澳大利亚的单程机票，娜塔莎回到了北安普敦郡，和父母一起住在破败的庄园里，每天对着一群又老又蠢的仆人发号施令。

等等！

根据我多年的从业经验，我猛然想起，有个客户曾经购买过一份补偿保险，可以保护他免受潜在的建筑规划许可问题的影响。不知这个方法是否可行，我马上给亿万富翁的律师打电话，他回答说"应该可以"。

我寻思着：他怎么就没想到这个解决办法？算了，以后再问他吧，现在最紧迫的事是在接下来的几个小时之内要签约，还得弄清楚买补偿保险需要花多少钱。我打算自己支付这笔费用，不用亿万富翁掏钱。

我急匆匆地赶往买家住的酒店，现在需要他们预估一下补偿金，我同时通知了律师，请他也预估一下。我会跟买家说，如果需要的话，可以委托律师来做这件事。我知道买家喜欢这套公寓。亿万富翁恐怕还没意识到，他并不是世界上最富有的人，买家也有傲视群雄的财力，也有足够的底气说"去他的吧"。他们准备把这套价值 2200 万英镑的公寓当作在伦敦的临时住所，这也是他们的第四套房产。公寓保持得非常整洁，家居用品一应俱全，用我们的行话来说，可以"拎包入住"，正好满足买家临时居住的需求。

见到买家，我首先为冒昧打扰表示深深的歉意，并解释说，亿万富翁是个很严谨的人，只是性子有点急，为了避免风险，他愿意买一份补偿保险。我说话的态度近乎谄媚，但又努力维持着专业形象。谋生真是不易。

他们说要考虑一下再答复我。

我没有告诉他们，现在已经是下午4点钟，时间紧迫，如果他们不能快速决定，可能就会错失这套公寓，而我也将失去这一单。我知道，无论内心多么绝望和迫切，都不能流露出来，绝对不能在对方面前表现出急于求成的样子。

我想象着亿万富翁得意的表情，他取消了交易，在丽兹酒店点了一瓶贵得吓人的红酒，留给我一张我根本支付不起的账单。

我无精打采地骑车穿过海德公园回办公室，情绪极度低落。

我在心中反复演练着，一会儿见到同事们，我该如何告诉他们，一个时代即将结束。

我跳下自行车，感到肩膀异常沉重，仿佛承受着全世界的重压。

外套口袋里又是一阵震动，我掏出手机。

该来的总是要来，听天由命吧！

买家发来信息说，他们接受补偿保险。

我立刻打电话给律师，并支付了1200英镑的保费。

我恳求律师在办公室等我一下，下午6点42分，我们签约完毕。

这个年关，终于闯过去了。

January

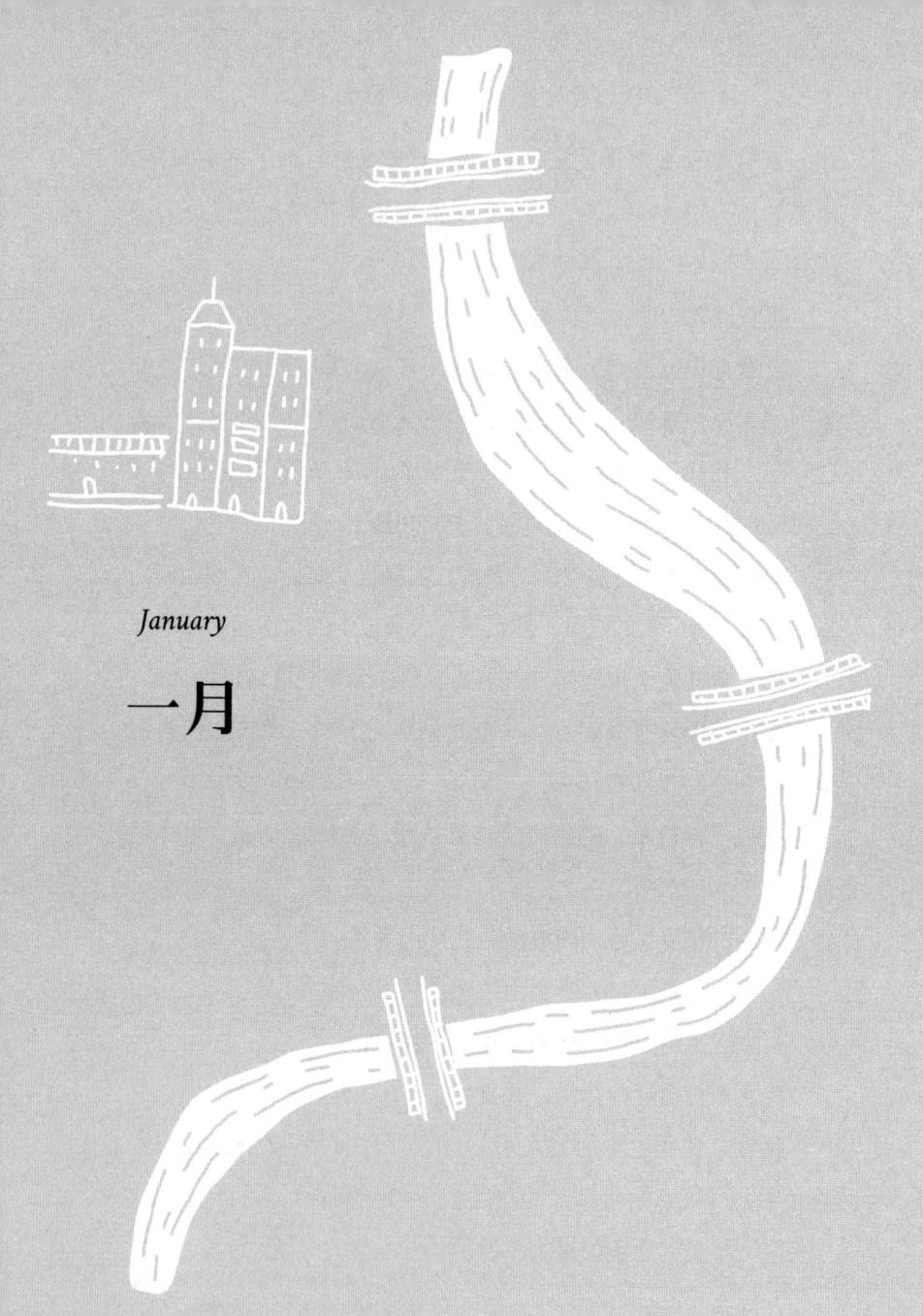

一月

2022 年 1 月 2 日

我离开伦敦，去父亲家（母亲去世后，父亲又另组了家庭）过圣诞节。

回家后，我得了严重的流感，一次次做核酸检测，还好结果都是阴性。

躺在床上难受得睡不着，那就想想我的客户吧。此刻他们应该都在阳光明媚的地方度假：加勒比海上的马斯蒂克岛[1]、墨西哥的图卢姆（没有比这里更适合拍照发帖分享的了），还有瑞士的格施塔德。

再盘点一下工作。我们的年终业绩比预期的要好，很大程

---

[1] 马斯蒂克岛位于加勒比海最昂贵、最独特的岛群间，是英国王室的度假天堂。

度上要归功于亿万富翁的公寓最终成交。此外，我们还接了一个大单，虽然已经算是板上钉钉，但要结案后才能拿到佣金，所以我还不敢掉以轻心。这笔交易的最神奇之处在于，整个过程都是在线上完成的。我一个人去到房子里，打开手机摄像头，带买家云参观了一圈。这栋紧邻霍兰公园[1]的房子售价是1700万英镑，买家只看了一次视频就决定签约，而且没有还价，只是云淡风轻地说了一句："我们要了。"就像在玛莎百货[2]买毛衣一样随意。直到现在我仍然觉得难以置信。

卧病在床的这几天，我一直在想：是否可以把看房、买房的过程拍摄下来，制作成一档真人秀节目？那一定会特别有意思。制作公司负责寻找买家，我会像热情的主持人一样，指导那些高净值人士[3]从三套房产中挑选出一套。我继续畅想——我们还可以做全球直播，去法国的圣特罗佩、美国的汉普顿和希腊群岛拍摄。我是不是抗流感的药吃得太多，出现幻觉了？节目的名字我都想好了，可以叫《一见倾心买好房》或者《跟我一起看豪宅》。

未完待续……

---

1 霍兰公园（Holland Park）坐落在富裕、时尚的伦敦西区，周围有维多利亚联排别墅、高档购物场所和餐厅。霍兰公园也是超级富豪和名人们的聚集地。据报道，大卫·贝克汉姆夫妇在该地区就拥有一套价值3100万英镑的联排别墅。
2 玛莎百货是英国最大的跨国商业零售集团，由最初的一家"一元便利店"发展成连锁零售商店，目前在英国开设了600家分店。
3 通常指可投资财富超过100万美元的人。

霍兰公园那栋房子的买家在谷歌地图上查看过街景，也研究过房子的平面图，对整体情况已经非常了解。而最终起到决定性作用的人物是设计师，他和买家开了个视频会议，列举了房子的诸多优点，买家觉得很满意，就这么定下来了。这是我经手过的最不费力的一笔交易，而且从投入产出比来看，这也是我最赚钱的一笔交易。运气不错！

在我看来，新冠疫情让人们变得更加果断，不再像过去那样犹豫不决。它打乱了原有的秩序，让许多夫妻的关系濒临破裂，也让一些人的生活陷入困境。过去我们总是匆匆忙忙，而疫情迫使我们放慢脚步，开始思考更重要的问题，比如：你想和谁共度余生？

当然，也许只有富裕阶层需要思考这个问题，因为他们无须为生计担忧。

2022年1月5日

第一个走进办公室的是约翰，他哼着小曲，手上拿着一个冒着热气的陶瓷杯。他看到我，大叫了一声："你来啦？身体好点了吗？"

"休息得不错，身体也完全恢复了。这个杯子是怎么回事？"

"为了环保。我不想用一次性的，就把自己的杯子带来了。这是葡萄牙工匠手工制作的，是不是很别致？"约翰做任何事都追求与众不同。

正说着，娜塔莎和达米安一起走了进来。

"我们又聚齐啦！"约翰拍着手说。

这就是我的四人小团队。达米安活力十足，长得有点像演员克里斯·海姆斯沃斯。往年过圣诞节的时候，他会回澳大利亚老家，但这次他在出发前做核酸检测，结果是阳性，只好取消行程。娜塔莎一直和家人住在北安普敦郡。他们两个都不到30岁，年轻、俊美、充满朝气。坦白说，这是我聘用他们的重要因素。

谁不喜欢让一个漂亮的经纪人带着看房子呢？自古以来人性皆是如此。达米安是澳大利亚人，身高1米83，身材健硕。娜塔莎是古典美人，高鼻梁、鹅蛋脸，头发柔软浓密。而约翰有一种独特的魅力（这并不是说他长得不好看），他应该有50多岁了（我们没有问过），衣着总是整洁得体，即使衬衫领口和袖口有些磨损，羊绒毛衣上缝着不起眼的小补丁，也丝毫不影响他的优雅。他以前是演员，退出舞台后加入了我们团队，我们感到非常荣幸。他不仅扭转了人们对房产经纪人的刻板印象，还带来了一份金光闪闪的客户名单（很多名人都认识他而且喜欢他）。

我突然发现地上有只狗撒了一泡尿。娜塔莎弯着腰，正在用湿巾擦拭。

"这是你带来的狗？"我问。

"真可爱,是迷你腊肠犬吧?"约翰说。

娜塔莎说:"是的,它叫爱德华勋爵,是我父母送我的圣诞节礼物。"

我没吱声。

"我能带着它上班吗?也许它能成为我们办公室的吉祥物、幸运星?"娜塔莎恳切地说,"我原本打算把它留在乡下的,可是一看它那小眼神,我实在不忍心和它分开。"她充满爱怜地抱起小狗。我想,她对人都未必有这么深的感情吧。约翰轻咳了几声,达米安看着这个小东西,一脸困惑。

我只好妥协:"好吧,不过不能让它在屋里乱叫、大小便。"

"我的爱德华勋爵就像维多利亚时期最有教养的孩子一样,乖乖听话,从不出声(to be seen and not heard)[1]。"

我看着爱德华勋爵,也不知它是不是真的像娜塔莎说的这样。

达米安一直看着娜塔莎,我突然发现,他们俩的关系有点不寻常,就像一对暧昧期的情侣。

我换了一个话题:"趁着大家都在,我们讨论一下明年的发展策略吧。"

"好啊!"约翰附和道。

---

[1] 这是源自英国维多利亚时期的一句老话:"Children should be seen and not heard."它的字面意思是"孩子要被看见,而不要被听见",实际是指孩子在大人面前应该保持安静,行为端正。

"现在看来,我们要和新冠疫情长期共存,跨国业务可能会受影响,其他业务也会不稳定。但市场也有积极的一面,我觉得人们更注重活在当下了。"

"确实是这样……"约翰沉吟着说。

"形势对我们非常不利吗?"娜塔莎忧心忡忡。

"恰恰相反。"约翰看着我,语气有些激动:"你看麦克斯。他本来病得很重,情况很危险……"

"听说你感冒了?"正在看电脑的娜塔莎抬起头。

"是流感,"我说,"这次还挺严重。我以前心脏出过问题,所以必须小心点。"

"你很强大,"约翰继续说,"我们都很强大,所以我认为今年我们一定能取得巨大成功。"

此刻应该有音乐声响起,就放女子演唱组合"天命真女"(Destiny's Child)的那首《幸存者》吧,热血又励志。

"谢谢你,约翰。我很感动。相信一切都会好起来的。我们说说工作吧。"

"去年我们做得不错。"娜塔莎说着,打了一个大大的哈欠,"不好意思,爱德华勋爵吵得我昨晚没睡好。"

"那是因为年底两个大单成交,所以业绩还算过得去,在那之前我们一直不太顺利,困难重重。而且有一个单子还没完全落定,"我冷静地分析着,"我们得有危机意识。来吧,该开'董事会'了。"

我们把椅子转向办公室没有窗户的那面墙。白板占据了一整面墙，夸张而醒目，就像电影屏幕一样。它的功能相当于一个备忘录，记录着当前的客户和房产信息。

- 奥斯卡奖得主，我的客户兼未来的朋友。她想要采光好、挑高很高、带户外花园或露台的房子。
- 奇斯霍尔姆斯夫妇，正在出售切尔西区的房子。本来已经和买家谈好了价格，准备签约的那天，买家突然又要砍价，我们只好取消了交易。现在，这个房子恢复了待售状态。这已经是我们第二次遭遇买家悔约了。该房产售价1000万英镑。
- 我的老朋友凯特，可能要从洛杉矶回到伦敦。她是个演员，以前当过模特，在好莱坞赚了不少钱，现在准备开启新的人生篇章。购房预算：未知。
- 某网红男孩。购房预算：未知。性格：难搞。这是娜塔莎联系的客户，还没有正式委托我们。
- 娜塔莎的叔公[1]福蒂斯丘可能要出售他在肯辛顿[2]的房子。这个想法已经有好几年了，希望他能尽快定下来。
- 其他：继续跟进现有客户，同时开发新客户。

---

1 "叔公"在本书中指的是"叔祖父"，即"父亲的叔叔"。
2 位于西伦敦的肯辛顿是英国乃至全世界最知名的富豪名流住宅区之一。这里房价为全英国最高，住户平均年收入高达12.3万英镑，是伦敦无可争议的顶级富人区。

"你们觉得今年会不会前景暗淡？"娜塔莎问。

"伦敦市场会永远繁荣。"约翰笃定地说。

"我总觉得不太乐观。"娜塔莎一边说一边抚摸着爱德华勋爵，好像这样做能安抚情绪。

"我相信今年会是我们最好的一年。白板上列了那么多大单，等着我们去完成。工作的乐趣就在于，你永远不知道下一个转角将会遇到什么。"我给大家打气，同时也是在鼓励自己。

"没错，"达米安说，"可能又会遇到一个亿万富翁，把我们都逼疯。"

"拜托，千万别。"约翰打了个冷战，"我觉得我们可以在艺术圈找找，看看有没有懂得欣赏伦敦的戏剧、舞蹈、歌剧、美食和餐厅的客户。"

"我们还是先找到客户，再关心他们的艺术品位吧。"我说。

2022年1月7日

达米安每天都慢跑着来上班，然后在办公室外面铺着鹅卵石的院子里健身。他是要向谁展示他的体能吗？办公室里电话此起彼伏，还有很多电子邮件要处理，可他还一直穿着紧身的莱卡健身服，显得极不得体。等他洗完澡，换了衣服，娜塔莎才来，刚才那番表演岂不是没意义了？

娜塔莎又迟到了。爱德华勋爵一脸不情愿地跟她一起走进来。约翰朝我挑了挑眉。

没办法，每年的这个时候都是销售淡季，大家工作热情不高也可以理解。

我得赶快行动起来，与现有客户保持联系，同时跟进潜在的客户。我想和萨拉通个电话，可总是联系不上她，只能留言。在房价飙升之前，我帮她和斯宾塞（她的丈夫）在诺丁山找到了一套特别棒的房子。斯宾塞做风险投资赚了一大笔钱，根据我的乐观估计，他们很可能想要换更大的房子，这对我们来说等于同时接到两个单子：出售旧房，购买新房。

我有个习惯，就是随时关注并预测客户下一步的行动。我会根据自己想要的，去揣测他们可能想要什么。

我的"梦中情房"总是随着心情和季节的变化而变化。我想要西班牙马略卡岛的庄园，一边俯瞰大海，另一边俯瞰群山；或者是现代风格的新建筑，可以一览南唐斯国家公园[1]的风光；或者是公寓的二层，从窗户望出去就是小威尼斯的公共花园。

再想得更大胆一点：以上这些房子我想全部拥有。

---

[1] 南唐斯（South Downs）国家公园是英国最受欢迎的国家公园之一，以丰富的自然美景而闻名。公园从西部的温彻斯特一直延伸到东部的伊斯特本，包容着631平方英里起伏的山丘、古老的林地和壮美的海岸线。

2022 年 1 月 10 日

我的老朋友凯特打来电话。

"我准备回国了,已经订好了机票。"她告诉我。

"单程的?"

"是的。"

"这可是一个重大的决定。你已经是地道的洛杉矶人了,现在回来能适应吗?"

"我也不知道。也许是因为疫情吧。今天早晨醒来我甚至在想:该死,怎么又是晴天?!我实在太怀念伦敦永远阴沉的天空和下不完的小雨了。"

"也许这就是老天给你的暗示吧。"我说。

疫情让我们开始重新思考人生,思考什么是最重要的。我很喜欢保罗·杨的歌,但有句歌词我不太同意,家并不仅仅是你放帽子的地方,它还关乎与你相伴的人和住在周围的人。[1] 凯特在好莱坞发展得很成功,只是没能成为一线大明星。这不是她的问题,影视行业太变幻莫测,而她又少了一点运气。她本来有机会出演一部大型情景喜剧,最后却失之交臂,因为剧中的明星男主角想让他的朋友演那个角色。在她的职业生涯中,

---

[1] 保罗·杨(Paul Young)是一位英国歌手,他有一首著名歌曲《Wherever I Lay My Hat (That's My Home)》,其中一句歌词是:"家就是你放帽子的地方。"

类似的剧情上演过很多次,但她总是能重新振作起来。

她常挂在嘴边的一句话是,你必须下场竞技,才有赢的机会。

2022 年 1 月 13 日

我曾经做过三次心理治疗。第一次是在我 20 多岁的时候,我发现自己有性取向问题,找心理咨询师做了六次面谈。

第二次是在我 30 岁的时候,我失恋了,不知该如何从痛苦中走出来。我试过用内格罗尼鸡尾酒和马提尼酒麻醉自己,但毫无作用。后来我把那次分手戏称为"鸡尾酒探索之旅"。

第三次是在母亲意外去世之后,我需要想办法来应对深切的悲伤,我要保持理智,照顾好父亲。在昆汀的引导下,我走出了心理困境。从那以后,只要我有心理上的困惑,就会去找他做一次面谈,就像去见一个对我了解至深的老朋友。我不需要讲过去,也不需要讲别人在我的人生中分别扮演了什么样的角色,我只需要直接说出现在遇到的问题,他就能找到症结所在。

从伯爵短道出发,快步走 6 分钟就能到达昆汀的诊所。

我坐在平日坐的沙发上,他坐在我的对面,手里拿着笔记本,脸上一副认真的表情。

"昆汀,我在想我是不是有点超负荷了?"

"你是说你的工作？"昆汀一直保持着心理治疗师的职业习惯，微微侧着头，表示他在认真倾听。

"是的。我和大部分客户的合作都很愉快，但有些人也确实给了我很大压力。我和同事的配合很默契，但又总觉得身上的担子实在太重。我记得你提醒过我，无论是工作还是生活，都不要孤军作战。可是现在，工作和生活，我都是一个人在扛。就拿工作来说，虽然有同事分担，但最终需要承担责任和风险的是我，压力全在我身上，这也算是某种意义上的孤军作战吧。"

"你想过和你的同事聊聊这种感受吗？"

"可这不是他们的问题。"

"首先你要对自己负责。并非每一次心脏病发作都是由生理原因引起的。是不是你对别人的责任感太重，因此给自己施加了太大压力？"

三年前我39岁，有一天突然心脏病发作。我的身体一直很健康，体重也正常，我怀疑是因为饮酒过量，那是我唯一的"恶习"。

在那之前，我并没有任何心脏病发作的征兆。医生们一致认为我在前一天晚上吸食了大量的可卡因，这听起来是最合理的解释，但实际上我并没有。虽然这件事已经过去很久了，但我对自己身体潜在的脆弱之处变得更加敏感。

"也许是吧。"我不太认可昆汀的说法。

"也许你的潜意识感受到了你的孤独？"

"昆汀，我不认为我的潜意识在告诉我：因为你单身，因为你对同事有责任感，这些有可能导致心脏病发作。"我有些恼火。

"当然不是这样，但你需要对自己更好一点，你需要把生活中的压力降到最低，你要把自己的需求置于其他人之上。你付出得太多了，麦克斯，你不能一个人扛下所有重担。"

一直以来昆汀都在用叙事疗法[1]给我做心理治疗，这个方法对我来说是有效的。

"嗯，我明白了。"

"好，现在就去实践吧。"

今天的面谈结束了。

在回办公室的路上，我思考着如何让团队树立共同的责任感。也许可以引入一种新的激励机制，比如减少底薪，提高利润分成。

房产经纪人的收入起伏很大，你的努力程度与财务回报之间几乎没有任何关联。也许你为了卖一套房子辛苦付出两年时间，但业主突然改变主意，把房源撤回，你就一无所获，甚至赔得血本无归，因为你已经付出了时间、资源和金钱。帮客户

---

1 叙事疗法是一种后现代的心理咨询疗法，由澳大利亚临床心理学家麦克·怀特（Mike White）创立，通过叙说故事、外化、改写、见证、回溯等技术帮助来访者变得更有力量，实现更多的自我成长。

买房同样如此，你带着客户看了一套又一套房子，有一天他兴奋地打电话对你说，他通过另一个经纪人找到了满意的公寓。这种情况经常发生。

不过，也有类似霍兰公园的房子的情况，你只需要付出少量的时间和成本，就能获得丰厚的回报。但这种中大奖的机会少之又少。喜从天降的感觉确实令人激动，希望今年能多中几次大奖。

2022 年 1 月 14 日

新的一年带来了新的挑战、新的希望、新的可能和新的冒险。这也是我经常对萨拉说的一句话。萨拉是我的客户，后来又成了我的朋友。现在，她和丈夫斯宾塞住在我为他们在诺丁山找的房子里（我曾经预测他们想要换更大的房子）。不过，我们今天聊的话题完全不同以往。

"事情就这样发生了。"她没头没脑地说了一句，好像不用说我也应该知道发生了什么。

"我很难过。"我脱口而出，然后赶紧闭上了嘴。我并不知道具体发生了什么事，只是下意识地往最坏的方面想：难道她得了绝症？

"我不确定我是不是还能住在这栋房子里。"看来我猜错了，不是绝症。

"呃,萨拉,我不知道该说些什么。"我确实不知道,而且我也意识到她并不需要我发表什么意见。我刚入行的时候,在电视台工作的安妮·罗宾逊曾经"教导"过我什么时候该说话,什么时候该闭嘴。我带她去看肯辛顿的一栋房子,滔滔不绝地给她讲带浴室的主卧套房有多好,她迅速打断我说:"不用你告诉我。"从那以后我就吸取了教训:我不需要介绍房子的优点,只需要带客户看房子(在这之前,我会先帮他们鉴别、挑选和判断,这就是我的价值)就可以了。如果客户问我问题,我再做详细解答。

萨拉继续说:"他要跟我分财产,让我和孩子另外找房子。我告诉他,我们才是一家人。那个女人才28岁,是他的普拉提教练。该死的,更荒唐的是,这个教练是我介绍给他的,当时他说他想健身……还说这都是为了我们,纯粹是借口!你会相信这种老掉牙的说辞吗?"

"原来是这样。"我松了口气,重新调整了一下思路。

"我们是大学时谈的恋爱,我的人生已经和他牢牢地绑在一起,我以为对他来说也是如此。如果我不再是他的妻子,不再是孩子的母亲……那我是谁?"她开始自责,"这都是我自己的选择!是我亲手把自己的人生建立在了流沙上!"

我静静地听着萨拉讲下去。

有时候,你并不需要回应什么,你只需要让别人把话说出来。我好像在哪本书里看到过一句话:倾听并不是被动的行为——如果你能正确地倾听,就能起到积极的作用。

我的大脑中总是塞满了客户的信息——他们的需求、喜好、心情、烦恼甚至是日常琐事——几乎没有时间关注自己的内心情感。每次去见昆汀,他都会提醒我:"要设定界限!"我明白,可我就是做不到。

《了不起的盖茨比》的作者菲茨杰拉德说过一句广为流传的名言:"有钱人和你我是不一样的。"有钱人习惯以自我为中心,他们从不考虑别人的感受,所有人都要迁就、照顾他们的情绪。但萨拉不是这种人。

"没想到会发生这样的事。我能帮你做点什么吗?"

"如果他非让我搬出去,你帮我找找房子吧。要找同样档次的,不能比现在的差。你知道吗?斯宾塞找了斯利克当顾问。"

啊……

斯利克是我们的竞争对手,比我们做得规模更大、更成功。我们遇到他,就像大卫遇到歌利亚[1]。他冷酷无情、不择手段、阴险狡诈,就是他搅黄了我最赚钱的两笔交易,还差点毁了我和亿万富翁的关系。

"我需要一个经验丰富的律师,"萨拉说,"我们没有签婚

---

[1] 大卫和歌利亚是《圣经》中的两个人物,大卫是赤手空拳的年轻牧羊人,歌利亚是全副武装、战力强大的巨人。人们经常用这两个人物来比喻弱小的人挑战强大的人。

前协议，那时我们两个都太年轻，挣的钱也一样多。斯宾塞一直瞧不上我的工作，后来我辞职了，是我主动选择做了全职主妇。我们共同走过了最艰难的岁月，现在的生活多么美好啊，呵呵，也许只是我以为很美好。走到今天这一步，我感到很痛心，我恨他，也恨我自己。"

我查了一下手上的律师名单：沙克尔顿、图思——都是法瑞尔律师事务所[1]的顶级律师。我告诉她，即使有可能和斯宾塞复合，也要立刻去见这两位律师。因为一旦她约见了某个律师，斯宾塞就没机会再聘请他了。如果她见的是最好的律师，斯宾塞就只能找次一等的律师。

看，我不仅是房产经纪人，我还能根据客户的需要提供转介服务，帮他们推荐房地产律师、建筑师、园艺师和室内设计师，我甚至还推荐过足疗技师、普拉提教练、牙医、按摩师、离婚律师、财务顾问以及私人飞机包机服务等。有一次，一个客户让我帮他和娜塔莎牵个线。他的年龄是她的两倍，而且毫无魅力。他反复跟我强调说他多么有钱，我告诉他娜塔莎有男朋友了，他又让我帮他联系高端伴游公司（提供色情服务的机构），我说你自己上网找吧，房产经纪人可不干这个。

我很清楚我的转介服务底线在哪里。

---

[1] 法瑞尔律师事务所（Farrer & Co）是英国王室御用的律师事务所，该所的合伙人菲奥娜·沙克尔顿（Fiona Shackleton）是英国收费最高的离婚律师，人称"钢铁木兰"，曾经代理过很多名门望族的离婚案，包括查尔斯王子等。

当我看到手机上显示萨拉的来电号码时，我就感觉事情不太对劲。他们本来应该在马斯蒂克岛的，斯宾塞可以远程办公，孩子们可以由保姆陪着在家学习[1]。现在一切都说得通了，我知道他们的关系一直不太稳定，可是说实话，哪对夫妻不是这样？

我挺欣赏萨拉，她性格爽朗，喜欢大笑，丝毫不在意脸上的细纹；她热爱生活，对一切事物充满好奇心；她很能干，以前在英国广播公司 Radio 4 频道（伦敦最受欢迎的广播频道）工作，但自从斯宾塞的收入直线上升后，她就辞职了，因为她每个月赚的那点钱还不如付给保姆的薪水多。她本来想等最小的孩子上学了就回电台工作，可这个愿望没有实现。斯宾塞变得越来越大男子主义，他把萨拉当成了附属品，他只需要她做个高贵优雅的女主人，打扮得漂漂亮亮地出现在聚会上。可是萨拉并不想扮演这样的角色，他们之间的矛盾因此而不断加深。

2022 年 1 月 18 日

我没敢问约翰将来是否还打算登上舞台演出。我知道他真正热爱的是戏剧表演，可这一行现在也很不景气。

---

[1] 在家学习（home school）是欧美国家常见的一种教育方式，最早流行于美国，指父母在家中自主安排子女的教育，孩子不必进入公立或私立学校。20 世纪中叶，在家学习主要出现在宗教家庭中，后来逐渐发展成为一种得到广泛认可的教育形式。这种形式具有足够的灵活性，让孩子的成长变得非常个性化。

我们的业务没有那么繁忙,所以大家都没有选择全职做这份工作。房地产市场有淡季旺季之分,学校放假的时候就是淡季,所以这一年起码有三个月会生意惨淡。现在,圣诞假期已经过去,这种低迷应该要结束了,电话应该会多起来。应该。应该。应该。但愿一切都向着"应该"的方向发展。目前我们的利润率还是太低,我内心充满隐忧。还好约翰总是能按时完成任务,早上的例会刚一结束,他就宣布找到了新客户。

"客户是法国人,人挺不错的。不过我和拉丁人更投缘。"

"他想找什么样的房子?"达米安问。

"传统的三居室公寓,最好在昂斯洛花园或昂斯洛广场,最理想是二楼,如果没有,退而求其次也可以。现在正是疫情期间,他们居然没特别要求房子带花园或露台,预算是300万到500万英镑。我会打电话联系南肯辛顿的所有经纪人,再找门房打听打听。"

约翰和伦敦各大豪宅的门房都建立了良好的关系,因为他们掌握着这座城市高端住宅的秘密。约翰说:"虽然他们默默无闻,但他们生活在一个五彩斑斓的世界,能讲出很多精彩的故事。有机会我想写一本关于他们的书,甚至有可能写一个系列:巴黎的门房、米兰的门房,还有纽约的、孟买的、南美各个国家首都的门房。书里配上照片,顺带介绍一下当地的建筑特色、风土人情,一定很棒!"

我看到娜塔莎对达米安使了个眼色,达米安立刻心领神会,接过话说:"写一本关于门房的书,这个想法真不错。话说回来,我知道南肯辛顿有一栋待售公寓,在七楼,视野绝佳,可以俯瞰昂斯洛花园。业主急着卖房,报价是260万英镑,价格很合适。"

价格的确很合适,我想到了奥斯卡奖得主。

"不知我的法国朋友会不会喜欢这个街区。"约翰沉思着。

这栋楼建于20世纪50年代,是当年根据整体规划建造的,所以外观没有什么特色。不过高层的视野不错,能看到周围的屋顶花园,而且从每平方英尺的单价来看,这个房子真的是超值。

"他们着急买吗?"达米安问。

"如果碰到合适的,他们会立刻出手。不过,他们得对那个地方有感觉……我理解这种感觉。"约翰又走神了,他环顾着房间,仿佛想起了一套曾经让他心动的公寓,"艺术家和创意人士都要看感觉。"

"他们是艺术家吗?"我问道。

"哦,表面上不是……"

"那他们是做什么的?"娜塔莎总能问到点子上。

"你是说工作吗?"

"对……"

"丈夫是银行家,妻子从事技术工作。"

"明白了。"娜塔莎好像已经猜到了什么。

2022 年 1 月 19 日

早上 9：40，娜塔莎牵着爱德华勋爵走进办公室。约翰夸张地抬起胳膊看了看手表，我猜他心里想的是：怎么娜塔莎就能这么随意？估计达米安也是这么想的。这确实不太好，我得找机会跟她谈谈。就今天吧。

经过 18 个月的漫长等待，我们终于要去见她的叔公福蒂斯丘了。这位老爷子已经在肯辛顿的豪宅中生活了半个多世纪。他是从他的一个姑姑那里继承的这座房子。姑姑本以为他能在这里组建家庭，生儿育女，没想到他一直单身，今年快 90 岁了，也不太可能有后代了。

我们的白板上有"福蒂斯丘"的名字，约翰问娜塔莎："他是不是信守独身主义？"

娜塔莎没有回答这个问题，她说："我看我们需要尽快帮他搬到老年公寓[1]。趁他头脑清醒，最好现在就搬。可怜的拉维妮娅姑婆，当年我们帮她搬出来之前，她已经完全老糊涂了。"

"你的家族有长寿基因，这是多么幸运啊。"约翰说。

"我父亲说这是雷恩家族的诅咒：这些高龄的亲戚会花光我们的财产，耗尽我们的资源。"

---

[1] 专门为身体健康、尚不适合入住养老护理机构，希望比住在自己家中获得更多安全感和社会融合感的老人设计的服务式公寓，通常会提供公共空间和配套服务。

我心想，英国贵族真是无情。但我没有说出口，还是从积极的一面说吧："他的房子现在很值钱，应该能给家族留下一笔巨大的财富。"这话说得好像我就是雷恩家族的人，过去我很少会用到"财富"这个词。

"叔公太古怪了，也许他会把钱全部捐给保护骡子和驴的慈善机构[1]。"

"家人永远是第一位的。"约翰坚定地说。

"这就是问题所在。"娜塔莎干脆地回答。她总是给人一种"生人勿近"的感觉，不是因为她说了什么，而是她说话的方式，从骨子里透着冷傲。我和她的区别很明显：走在路上，我总是被那些拿着写字夹板的人拦住，让我给慈善机构捐款。前几天，娜塔莎和我一起走在肯辛顿商业街上，接连碰到三个拿着写字夹板的人，他们居然没有上前，反而侧身给我们让路。

"你是怎么做到的？"我问。

"做到什么？"

"这些慈善机构的推销员居然没有过来。以前碰到他们，我总是得假装打电话或者正在想什么事，可他们根本不管这些，还是会过来推销。"

"是吗？他们从来不会靠近我。"

---

[1] 此处指的是 The Donkey Sanctuary，这是英国的慈善组织，是目前世界上最大的马科动物保护慈善团体。其宗旨是对世界各地的骡子和驴表达无私的关怀，改善它们的生活质量。

这就是娜塔莎。

"福蒂斯丘叔公的房子我们得用心对待。"她说。

"他决定委托我们了吗?"

"这点不用怀疑吧。就像约翰说的,他是我的家人。"

"不是我把别人往坏处想,我觉得哪怕是朋友和家人,也需要签一份严谨的合同,避免违约行为发生。以我的经验来看,只有合同才有约束力。"

"他已经89岁了,又是我的叔公,他绝对不会再找别家的,只是他的脾气确实有点坏。"

几个小时后,我和娜塔莎来到了维多利亚路[1],这是肯辛顿区地价最昂贵的街道之一。福蒂斯丘的房子在更受欢迎的东侧,拥有朝西的花园。我发现这个房子有很大的改造空间。从娜塔莎告诉我的情况来看,房子需要彻底翻新,从地板到护墙板,全部都要更换,对买家来说是一种考验,需要投入大量的精力、人力、物力和财力。而且房子已经被列入文物保护名册,这就意味着所有的建筑工程都会受到严格的监管,又增加了一层复杂性。

福蒂斯丘面临的不利局面是,愿意接盘这样的房子的买家越来越少。过去人们都想要这种没有现代元素的老房子,这样

---

[1] 维多利亚路位于肯辛顿花园旁边,附近有皇家艾伯特音乐厅和自然史博物馆等热门景点。

他们就可以根据自己的喜好彻底改造。但是现在翻新的成本大幅度增加（伦敦超级豪宅的翻新成本是每平方英尺350至1000英镑），需要的时间也更长（从规划到完成的时间一般要长达3年），而且过程极其艰辛（英国脱欧导致建筑工人严重短缺，供不应求），这些因素都大大降低了房子的吸引力。更残酷的现实是，房地产市场不再处于势不可挡的上升趋势，极有可能出现的情况是，买家还未入住，房子已经贬值了。所以现在能拎包入住的房子更受欢迎，更容易卖出去。过去我很注重一幢房子是否有"改造空间"，现在我会建议客户把改造的机会留给别人，自己的时间还是多花在享受生活上吧。

我们来到福蒂斯丘家门口，娜塔莎按响了门铃。

等了很久，没有人来开门。我们俩相互对视，同时想到了一个可怕的画面：他是不是倒在了厨房的地板上，已经死去？因为开沙丁鱼罐头过于用力，导致意外发生？

又按了几次门铃后，我们才听到门内传来一阵轻微的脚步声。福蒂斯丘挂着拐杖，打开了门。岁月在他身上留下了太多痕迹，他穿着酒红色的羊毛开衫、印着佩斯利花纹[1]的衬衫和灯芯绒的裤子，膝盖处已经磨得薄薄的。

"您好，福蒂斯丘先生。"我微微弯腰。

1　佩斯利（Paisley）花纹是一种由圆点和曲线组成的华丽纹样，状若水滴。它的名字来源于苏格兰西部的一个纺织小镇，这里因大量生产该纹样的披肩而闻名。佩斯利花纹细腻、繁复、华美，具有古典主义气息。

"快点进来吧,我一点风都受不了。"

客厅里的温度似乎比外面还要低,冷飕飕的,阴气逼人。

"叔公,需要我带麦克斯参观一下吗?"娜塔莎问道。

"不用,我带他看吧。"福蒂斯丘说。

看来我们这次拜访的目的达到了。

这是一座大房子,我估计有 4000 平方英尺,不知道什么原因,有些房间被隔成了两间,有的被隔成四间,走在里面就像进入了迷宫一样。房间里堆满了书籍和发黄的报纸,积着厚厚的灰尘。百叶窗全都关着,让人想起《远大前程》中的郝薇香小姐[1]。每个房间只有一个低瓦数的灯泡用来照明,门旁边的墙上连电灯开关都没有。福蒂斯丘跌跌撞撞地走进狭窄的房间,摸索着打开一盏灯。灯光非常昏暗,隐约照射着杂乱、阴暗的角落。

我们在每个房间都要停下来,福蒂斯丘会给我们介绍这个房间过去的用途(厨房、配膳室、电话间)以及未来可以用来做什么。每到一处我们都要配合着发出赞叹声。

他坐下来,大声地自言自语:"这个房间是不是可以用来看录像、听唱片,或者改成一个宽敞的浴室?"而我在想,最好改成杂物间,多储存一些质量好的清洁剂、清新剂,因为整

---

[1] 郝薇香小姐是狄更斯的小说《远大前程》中的一位贵族,书中有一段孤儿匹普第一次见到她时的描写:我发现自己在一个大房间里,这里的窗帘关得紧紧的,不让一缕阳光透进来,桌子旁坐着的是一位我从没见过、将来也不会见到的如此奇怪的夫人。

栋房子都散发着令人作呕的霉味，还有古龙水和爽身粉混杂的味道。我真想打开百叶窗通通风，把新鲜空气和阳光放进来，给房子增添一些生机。

哦，我还注意到，房子里没有中央供暖系统，只有电暖器，一共两台：一台在福蒂斯丘的卧室，另一台在书房。他说卧室的电暖器现在用不上，已经关了。还好书房的电暖器开着。一个小时后，我们走进书房，这是整栋房子唯一暖和的地方。

如果我自己参观的话，5分钟就能看完房子，对它的外观、户型和大概的售价做出评估。但那样我们就没有机会知道福蒂斯丘独有的喜好以及他最看重什么。

"您很关注新闻报道吗？"透过昏暗的灯光，我看到书房里堆放的报纸比其他房间的还要多。

他没有回答我，而是转身朝娜塔莎大吼起来。她刚刚用力关上了书房那扇沉重的门，这样屋里的热气就不会散出去。

"别把铰链给弄掉了，小姑娘！"

我正犹豫是要把椅子上的报纸拿开放到一边还是直接坐在上面。娜塔莎拯救了我，她把报纸拿起来放到了书房的桌子上。

"别弄乱了！"福蒂斯丘厉声说道。

"不会的。"娜塔莎的语气和他一样。

大家都沉默了，福蒂斯丘也没有请我们喝茶、咖啡或水，看来我得找点话题聊了。

"谢谢您带我们参观这么漂亮的房子，能看到这么多有历史沉淀的物件，真是一种享受。住在这里您一定很幸福吧！"

"也没有多幸福。"他的语气中充满忧伤。

"别这么说啊，叔公，这里可是我们在伦敦的大本营呢，给我们留下了很多美好的回忆。"

"那真是太好了！"

我终于有机会说正事了："我听娜塔莎说，您有卖房子的想法，有大致的时间安排吗？希望我们能帮上忙。"

"不急，不急。如果我要卖……我希望卖给体面的英国人。你都想象不到现在都是些什么样的人搬到这条街上，真是一片混乱。"

我工作中会遇到的挑战之一，就是当客户发表一些我不太认同的观点时，我不仅要耐着性子倾听，还要克制自己不去反驳。

我想到了一个外交辞令。"整个伦敦都是这样，"我说，"首都的生态发生了变化，我们现在生活在一个全球化的世界，往好处看就是房子会升值。"

"我才不在乎升不升值呢。很遗憾现在是个全球化的世界。我对外国人没有偏见，但他们应该像我们一样，安于做法国人、荷兰人或土耳其人。他们应该待在自己的国家。"

"我理解。您对英国脱欧一定有些看法。"

"卖房子的事我们能帮什么忙吗？"娜塔莎又把话题拉了回来。

"如果要卖的话，我要先见见买家，近距离观察一下。我听说像我这样的房子现在能卖几百万、几千万，我的房子至少值2000万。"

我感觉事情有点不妙。

"这栋房子确实非常漂亮，能买到的人一定很幸运。"我先铺垫了一下，但是该说的话还是要说出来，"不过我感觉您对售价的预期有点高，即使是在2015年房地产市场的巅峰时期也卖不到这个价，况且现在的市场情况已经完全不同以往。从房屋面积、同一街区同类房子的销售情况还有需要翻新的程度来看，卖到2000万恐怕很难。"

"这个数字太离谱了。"娜塔莎也站在我这边。

福蒂斯丘好像有些生气。

"我可以向您保证的是，我们会尽一切努力帮您以最好的价格出售。"

福蒂斯丘默不作声。

"当然，前提是您已经决定卖这个房子，并且愿意把房子委托给我们代理。"

"有人给我推荐了一个叫斯利克的人，我准备见见他。"

我一阵心慌，但还是强作镇定，微笑着看向娜塔莎。快说点什么，我在心里喊着。她立刻领会了我的意思。

"叔公，说实话，找他来代理不合适。相信我。"

"要知道，你爷爷做过很多伤害我的事，我不会因为你的关系就被迫卖这个房子。"

"这是两码事，"娜塔莎尖声说，"重要的是，我们是一家人。我想要帮您做出最好的选择。如果您不想卖，那就不要卖——但如果您想卖，就应该找我们。麦克斯，你跟福蒂斯丘叔公说说他为什么要选择我们。"

我很想模仿《穿普拉达的女王》中的梅丽尔·斯特里普的口吻回答——别人问她为什么能胜任《时尚》杂志主编的角色，她只说了一句："没有人能做到我这样。"

可话到嘴边我又咽了回去，我担心福蒂斯丘接受不了这种腔调。

我一板一眼地回答道："因为我们会不遗余力地为您服务，而且我们不需要把房子挂到网上就能找到买家，我们过往有很多优秀的成交纪录。"

"什么意思？"他咕哝着问。

"就是说我们不需要在网上做广告。"

"当然不能做广告。"

"是，但这已经成为经纪公司的习惯做法了。对于大多数公司来说，要想吸引新客户就必须这么做。不过我们和他们不一样。我们不做宣传，也不发广告，只会私下推荐给真正有诚意的买家。我们会把您的房子当成艺术品来对待，而不是一件商品。我们还会帮您联系律师和房屋鉴定师，全程都陪伴在您左右，为您提供支持——"

"我不需要陪伴。"福蒂斯丘冷冷地说。

房间里的灰尘实在呛人，此刻我愿意付出任何代价换一杯水喝。从寒冷的地方走进这间有电暖气的屋子，又干又热，令人窒息。我真想把外套脱掉透透气，我更迫切地想要快点结束这次拜访。

"我们一定能为您提供最好的服务，帮您争取到最好的价格。"我开始说结束语了。

"好，我考虑好会通知你们的。现在我还有点事要忙。"

他在暗示我们该离开了。

"谢谢叔公。"娜塔莎说。

我补充道："我们会给您发一封信，附上合作条款以及建议的报价。"

打开前门，我们终于逃离了福蒂斯丘那座格林童话般的房子，走到阳光明媚的大街上。

2022 年 1 月 24 日

这个周末，我一直在想该如何跟我的同事们谈谈。散步的时候最适合思考，我在摄政公园[1]和肯辛顿公园之间来来回回

---

[1] 摄政公园是英国伦敦仅次于海德公园的第二大公园，位于伦敦西区，紧邻福尔摩斯博物馆和杜莎夫人蜡像馆，是伦敦最大的可供户外运动的公园，占地 500 多英亩，原为亨利八世的狩猎场。

地走着。阴冷潮湿的天气令人心情压抑，春天似乎还非常遥远。1月的天空笼罩着阴云，低沉而灰暗，这让我想起了凯特：她真的打算放弃洛杉矶的蓝天回到这里吗？我一边走一边思考着昆汀的话，该如何增强团队凝聚力，让大家同舟共济呢？我决定想办法调动他们的积极性，把他们都打造成漫威电影中的超级英雄。

周一开会时，我对大家说："其实每个人都有一些超能力，只是自己还没发觉。"

"什么？"达米安还穿着健身服，也许他的超能力是成为十项全能健将。

"我们都有超能力，要好好利用。"

"真的吗？"娜塔莎狡黠地问道，"你是不是最近听了什么心理励志的播客？"

我继续说我早就准备好的台词："就从达米安开始吧。我认为你的超能力就是热情、坚韧、勤奋，而且你有超强的体力和耐力。"

达米安听了没有什么反应，难道我没夸到点子上？

我继续说下去："约翰，你风度翩翩，气质儒雅，能说一口流利的外语，充满魅力。你说的话总能抚慰人心，也能平息别人的愤怒。"

约翰优雅地微笑着，表情就像演员斯特里普、霍普金斯上台领奖时那样谦和。

"还有娜塔莎。娜塔莎总能弥补我们的疏忽之处……你有远见,有洞察力,能看到别人的脆弱,知道别人想要什么,甚至有时候他们自己都没有察觉。"

"我们确实是一个强大的团队。"约翰说。

"我看你快变成奥普拉了。"娜塔莎对我的赞美无动于衷。

"正如约翰所说,我们是一个团队,要一起迎难而上。"

"今年一定能取得重大突破。"达米安大声说。我觉得他正在努力克制着做俯卧撑的冲动。

"那你呢,伟大的麦克斯,"约翰问,"你的超能力是什么?"

"呃,我的超能力。嗯……我还真没有想过。"我顿了顿,"我有你们,三个拥有超能力的好伙伴。"

"老兄,别用外交辞令。"达米安说道。

"我喜欢研究人。我对人们的生活方式和追求的东西感兴趣,希望能帮客户找到理想的房子。我还喜欢房子成交带来的成就感,买方买得合适,卖方卖得也合适,皆大欢喜。"

"你把自己说得有点功利,但其实你是性情中人,正直、善良、有诚信。"约翰说。

我有些脸红。我还没从昆汀那里学到如何轻松地接受赞美。

"所以,我们都有自己擅长的一面,无论是互相协作还是单打独斗,我们都能做得很好。这份工作没什么技术含量,最难的是争取客户。"

"建立关系!"约翰恍然大悟地喊道。

"是的。我们需要让客户知道，我们会竭尽所能为他们服务，并且始终把他们的利益放在第一位。"

"说得好！"约翰真心诚意地为我鼓掌，"非常振奋人心。"

"我希望所有人的努力都有回报，我正在考虑制定一个新的激励机制，能让大家赚到更多的钱。"

达米安竖起了大拇指。

"那就是要降底薪喽？"娜塔莎意味深长地说。

"我把大家的意见都记下来，然后我们讨论一下。"

我们很幸运选择了这个行业。房产经纪人的公众形象很糟糕，所以精英人士不会干这一行。我们只要稍加努力，能做到守时、礼貌、及时回电话回消息、掌握专业知识、充分了解市场、不过度推销、态度真诚，就能超越大部分竞争对手，成为金牌经纪人。

与客户建立关系是成功的前提，但不能急于求成，建立关系需要长时间的磨合。有个朋友曾经对我说过："总会有办法的，只是需要时间。"我在努力寻找建立关系的方式，比如对客户保持好奇，真诚地提出问题并认真倾听他们的回答。娜塔莎虽然总是像上层阶级一样佯装冷漠，但其实她内心有一团火。达米安与生俱来的热情如同一台推土机，能铲平客户的质疑、动摇和顾虑。约翰则用王尔德式的机智和魅力吸引客户，说服客户，他说话很有感染力，听他说话就像在看国家剧院的演出。

我也必须努力。

我要的不是自由，而是通往成功的路。

2022 年 1 月 25 日

约翰的法国客户没有看中那套公寓，我准备带奥斯卡奖得主去看看。

我像往常一样提出去接她，但她现在在片场，有司机可以送她过来。上次和她一起喝咖啡的时候，我有急事不得不离开，希望这次看完房子后能聊聊天。想和客户建立关系并不容易，因为对方明显处于强势地位，主动权在他们手里，如果是和名人打交道，这种不平等就会更加明显。

我在大堂见到了奥斯卡奖得主，她穿着风衣，头上戴着一顶羊毛帽，脖子上严严实实地裹着围巾。她很低调，走在街上几乎不会有人注意她。

这套公寓稍嫌简陋，但还是挺有特色的。家具有些古旧，品牌和款式都像是养老院经常使用的。房间里还放了一把电动扶手椅，椅背可以任意升降。室内装饰以棕色为主色调（效果通常不太好），搭配印花窗帘、椅套等，还有一间牛油果色的浴室。这个房子比周边建筑高，采光很好，望出去绿意盎然，令人心旷神怡，我知道奥斯卡奖得主喜欢这种感觉。

"我能和詹姆斯视频通话吗，让他也看看？"她问道。

詹姆斯是她的男朋友。电话接通后，我有幸目睹了一堂大师级的表演课。她用戏剧表演式的语言、节奏和表达方式,向詹姆斯介绍着房间里的每一个细节,包括我没有注意到的细节。她的动作像芭蕾舞演员一样轻盈,从这里移步到那里,以艺术家的视角,声情并茂地描述着天花板的镶边、壁炉的工艺、光线的形状等等。

她一挂断电话,我就立刻说:"感觉不错吧。"

"是的,我想让詹姆斯也来看看。"

"我来安排。需要我送你回去吗?或者,你有时间喝杯咖啡吗?"

"你真是太好了,不过我还要回去拍戏,司机就在楼下。"

"那下次吧。"我们走进电梯,她微微点了点头。

我也有个视频要拍。我们在代理奇斯霍尔姆斯的房子,一个有意向的买家看了宣传册,很喜欢这种维多利亚哥特式建筑风格,但他现在在安提瓜岛,所以想通过视频更直观地感受一下房子。

走进房子里,我试着模仿奥斯卡奖得主刚才戏剧表演式的动作和语调,一边举着手机,一边表情夸张地介绍道:"穿过拱形门洞,我们来到美丽的后花园……我们再来看看这个房间,挑高非常高,有一个、两个壁炉。哦,房间太大了,当然需要两个壁炉。你能想象在这里一觉醒来的感觉吗?再看一下主卧套房,动线流畅,从卧室到浴室再到更衣室……推开这扇窗户,哇,满眼都是绿色。二层这里可以搭建一个露台,或者像橘子温室[1]那样的阳光房。这栋房子没有被列为保护建筑，您可以根据自己的喜好进行改造，想想都令人激动。当然，您愿意保持原状也没问题，因为房子本身已经相当完美了。"

我把视频发给了买家的经纪人，内心暗自得意。6分钟后，我收到他的回复："你的表演让人看了……想吐。"

2022年1月26日

娜塔莎牵着爱德华勋爵，满面笑容地走进办公室。

"你看起来心情不错嘛。"我说。

"今天来得很早啊。"约翰说。

"难道你们希望我又迟到又心情不好？"她问道。

"当然不是。我就喜欢看到快乐的人。你来得正是时候，我正给福蒂斯丘写信呢，想让你看看。"我说。

经过测量，福蒂斯丘的房屋面积是3850平方英尺，我本来预想着能超过4000平方英尺的。我知道，低于8位数的报价福蒂斯丘一定不会满意，所以我把建议售价定为1000万英镑，并写信给福蒂斯丘说，我认为整数更有利于销售。我不敢冒险定价过高，那样的话会失去市场。每平方英尺的价格在很

---

[1] 橘子温室（Orangery）是欧洲传统。十六、十七世纪的法国贵族喜欢橘树，会在庄园里专门建一种"橘子温室"，这是财富和地位的象征，后来在欧洲贵族中成为流行。

大程度上决定了房产的价值——这是房产经纪人和对价格比较敏感的买家首先关注的。房价在飞速攀升，不断创造新的纪录，几年前看起来不可思议的数字，如今都成了常态。

坎迪兄弟（candy&candy）是过去20年中伦敦最成功的开发商，这对兄弟组合可谓奢华豪宅的缔造者。2011年，他们开发的海德公园一号荣登全球最贵的公寓楼榜首[1]，售价达到每平方英尺6000英镑。还有一些新开发的超级豪宅和品位独特的私人住宅，正试图突破每平方英尺10 000英镑的天花板，但尚未实现。

除了那个卑鄙无耻的斯利克，福蒂斯丘有可能还咨询了其他人。他一直不肯透露自己的想法，什么都不说。

推出一套新房源有点像第一次在网上发布交友信息，顷刻间会有很多人对你表现出浓厚的兴趣。就像一个新人走进一间坐满熟客的酒吧，所有人的关注点自然都会集中在他身上。如果很多人都对一套公寓或一个人感兴趣，那人们想拥有这套公寓或这个人的渴望就会更强烈——人性向来如此。

写房产介绍就像写交友简介一样，你一定要谨慎措辞，准确定位，想清楚使用哪些形容词，上传哪些照片。你既要推销自己，又不能推销过度，要找到一个平衡点。不要发布你在头

---

[1] 根据英国土地登记处的文件，著名的"海德公园一号"的一套公寓在2011年以1.354亿英镑的价格成交。

等舱候机室的照片，别人在手机上看到会立刻滑走。

我在给福蒂斯丘的信中试图解释这两者的细微差别，但我没有用交友简介的比喻，而是告诉他，房子刚上市时会有一个窗口期，也就是最受关注的时期，我们需要好好利用。我建议"美化"一下房子，让它以最佳面貌示人，这个工作我们可以协助他完成，他只负责监督就行。哪怕不在我们的工作范围内，我们也愿意竭诚为客户提供服务。

我希望娜塔莎的父母能帮忙说句话——更理想的情况是，如果福蒂斯丘决定出售房子，他们能把他接过去住几天，我可不想陪客户参观的时候福蒂斯丘一直跟着。我把写好的信给娜塔莎看。她模仿福蒂斯丘的语气，调整了一下措辞，把"我们一定能把握最佳时机，争取到最高的报价"改为"我们会尽一切努力把您的房子卖出惊人的高价"。

"如果买家参观的时候他坚持要在场，这个房子就不太好卖了。"我对娜塔莎说。

"我能做什么呢？"

"带他和爱德华勋爵一起去散步？他可能走得慢一点，但腿脚还可以。"

娜塔莎抬头看着天花板："希望这栋房子快点卖掉。我很爱叔公，但时间长了肯定也受不了。"

February

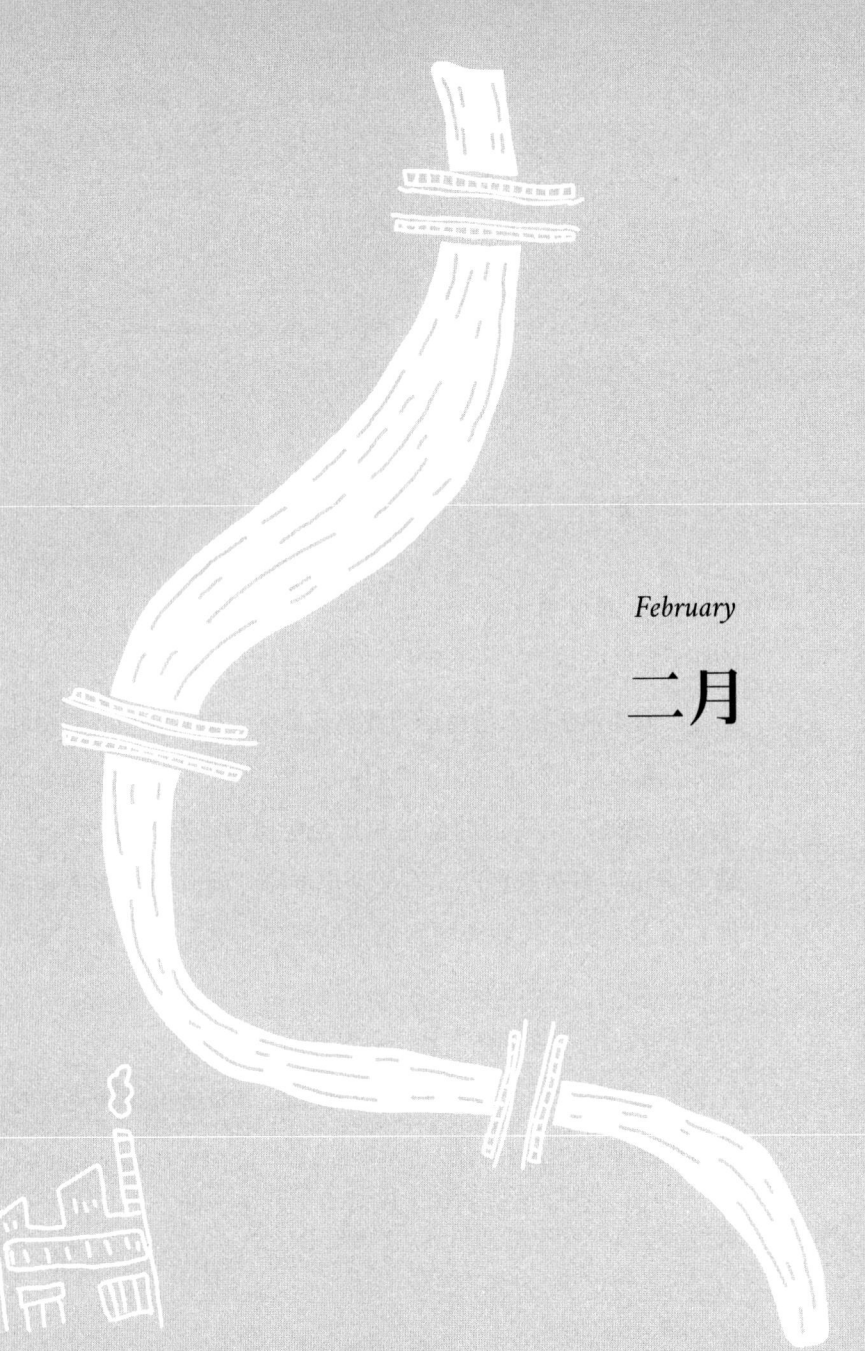

二月

2022 年 2 月 1 日

今天要带萨拉去看房子。我有点紧张，因为我担心，和她那栋有着原浆涂料外立面、被《住宅与庭院》(*House & Garden*)杂志报道过的诺丁山的豪宅相比，任何房子都会黯然失色。她不想和斯宾塞争房产，而是决定重新开始。我不知道她最近心情怎么样，当我看到她阳光般灿烂的笑脸时，我松了一口气。

"萨拉，你还好吗？"我小心翼翼地问。

"好极了。"她看起来确实容光焕发，皮肤被马斯蒂克岛的阳光晒得黝黑。

"我们去公园附近的住宅区看看，女王公园、贝尔塞斯公园[1]，再去一趟汉普斯特德[2]。你一定会有个新的开始。"

"太棒了，我需要重新振作起来。"

"真为你高兴。最近在忙什么？"

"我在听一个正念冥想的播客。我的生活发生了巨变，但我还有很多值得感激的事情：我有孩子，我很健康，我有适应新生活的能力，而且，我有钱。"

"我想起《当哈利遇到莎莉》里面的一个场景，有个女人在餐馆点餐说：'我要跟她点一样的。'我也想听听这个播客。"

"好啊，我发链接给你——这个播客主要是讲如何看到生活中积极的一面，如何学会感恩。"

"是不是告诉你'生活得好就是最佳报复'？"

"我甚至不想报复……"她大笑起来，"斯宾塞开始了他的新旅程，让我也有机会踏上我的新旅程。"

我帮萨拉选的房子都是她预算范围内能买到的最好的。在我看来，伦敦就是由一系列乡村组成，大同小异，而某些区域明显与众不同。汉普斯特德居住着很多有钱的知识分子，大部

---

[1] 贝尔赛斯公园（Belsize Park）是伦敦西北部的一个备受欢迎的住宅区，融合了都市的便利与传统的英式住宅风格，街道两旁的红砖房与绿树交织。
[2] 汉普斯特德（Hampstead）是英国伦敦的一个老牌富人区，位于查令十字街西北4英里处。该区长期以来以知识分子、艺术家和文学家的居住区著称，在20世纪上半叶又容纳了大批逃避俄国革命和纳粹的知识分子——在汉普斯特德，至少有60处悬挂蓝牌的名人故居。汉普斯特德拥有伦敦地区最昂贵的住宅，住在该区的富豪的数目超过英国其他任何地方。

分是左翼。我不确定"香槟社会主义者"[1]（champagne socialist）这个词是不是源自汉普斯特德的邮编 NW3，但感觉上就是这样。诺丁山现在被对冲基金经理人占领了。圣约翰伍德已经成为美国人的聚居地，因为那里有一所对外籍人士开放的学校。而南肯辛顿有很多法国学校和糕点店，充满法式浪漫风情。

女王公园没有什么鲜明的特征，但风景宜人，绿树成荫。这里的房子并不是特别奢华——大多是爱德华时期的建筑风格，很像郊区的房子——没有地下室，占地面积广，带有大花园。我带萨拉看的是建造于 20 世纪 20 年代的老房子，面朝公园，有只供私人使用的路边停车位。它的外观并不出众，鹅卵石的墙面，低调而质朴。

进入室内，我发现建筑师主人把所有空间都打通了。一层既是起居室，又是厨房、餐厅，还兼做家庭娱乐室。穿过一个玻璃房，就来到种着各种果树的大花园。我特别喜欢花园中那条蜿蜒的小径，路的尽头有个堆肥箱，还有一个蹦床。感觉就像来到了世外桃源，远离都市的繁华喧嚣，尽情享受田园牧歌般的宁静惬意。

"孩子们一定会喜欢这里的。"萨拉说。

房间里摆满了书籍和别具一格的艺术品，墙上挂着挂毯，

---

[1] 香槟社会主义者（或阔佬社会主义者）是源自英国的一个说法，指那些口头声称支持人人平等、富人帮助穷人的公平社会，但自己却不去身体力行的有钱人。

书架上陈列着主人去各个国家旅行时收集的藏品。男主人在居家办公，给我们端来两杯杏仁卡布奇诺。

这是我们看的最后一栋房子。不经意间，我把最好的留到了最后。汉普斯特德和贝尔塞斯公园的房子也不错，只是没什么特别之处。

我们沿着与主干道平行的索尔兹伯里路往前走。萨拉说："我喜欢这个房子。"我脱口而出："这才是真正的你，萨拉，你才不稀罕做上流社会的贵妇，我能想象出你坐在晚宴餐桌旁强颜欢笑的样子。"

"麦克斯，我很认同莎士比亚说的人生的七个阶段。你说得对，下一个阶段我要做回真正的自己。过去这些年和斯宾塞在一起，我并不觉得有多幸福。很多人都说我嫁给斯宾塞是中了大奖，是天降好运，但说实话，我对加入私人俱乐部没兴趣，我并不想和名流成为朋友，也没那么渴望拥有马斯蒂克岛的房子。我不想总是和别人比较，看自己有什么，没有什么，这样的生活对我来说毫无意义，我向往的是另外一种生活。你明白我的意思吗？"

"我懂，我永远支持你。"

2022 年 2 月 2 日

今天陪客户看奇斯霍尔姆斯的房子，结果却令人失望。

客户带着狗一起过来的。我有点为难，最后还是勉强同意狗跟着进房间。他们迟到了整整 50 分钟，我很想让他们解释一下，为什么他们的时间比我的更宝贵。通常情况下，如果对方无故迟到，20 分钟是我的忍耐极限，超过 20 分钟我会立刻离开。但这次我没有走，因为这是奇斯霍尔姆斯的房子，我只想快点把它卖出去，哪怕有一丝成交的希望，我都不能放弃。

　　每个客户对我来说都很重要，但我在奇斯霍尔姆斯的房子上投入的精力是最多的，最终却被买家狠狠伤害了两次。第一次，我们费尽周折地办理了房产转让手续，请来了测量师和建筑师，耐心地解答了买家的一连串问题，甚至还请到了风水大师，结果买家连个招呼都没打就人间蒸发。我在私人交往中曾经有过被断崖式分手的经历，但在工作中还是第一次遭遇。奇斯霍尔姆斯夫妇说他们也从来没遇到过这种事。

　　第二次，已经谈好条件的买家在最后一刻爽约。此前他一再强调他的财富和信誉，向我们保证他是有履约能力的，言出必行。对这种人真的要保持警惕，越是强调自己的财富和信誉，越说明这些方面有问题。他们会耗尽你的精力，就像亿万富翁惯常使用的斯塔西式操纵[1]一样，把你折磨得身心俱疲。

　　奇斯霍尔姆斯夫妇为人正派，一向信守承诺，并且希望别

---

[1] 民主德国秘密警察斯塔西的一种心理技巧，利用定向的心理攻击、心理操纵方法来分裂、瘫痪、瓦解和孤立敌对势力。

人也是如此，买家这种违约行为让他们感到非常困惑。碰到这样恶劣的买家，其他人可能会迁怒于经纪人，可他们始终保持着平和的心态，从来没有责怪过我，也没有说要换经纪人。

为了回报这份信任，今年我一定要帮他们把房子卖出去。

可是从今天来的买家的情况看，这个愿望几乎不可能实现。

买家不仅迟到 50 分钟，态度还非常冷漠，和我几乎没有任何交流，只是问了问翻新成本。离开那里的时候，我的情绪非常低落，胸口发闷。步行到办公室门口，我停下来，做了几个深呼吸，平复了一下情绪。身体的反应一般来说都是情绪引发的，如果今天看房顺利，我现在肯定在切尔西公园手舞足蹈呢。

前几天给一个买家的经纪人发送了房子的视频，之后一直没有回音，我担心是不是自己介绍的时候过于夸张，给对方留下了不好的印象。我给经纪人发了个信息。这个人挺不错的，但除了特别具体的事，其他消息他一概不回。我喜欢那种能及时反馈的人，哪怕是负面的反馈。记得已故的资深图书版权经纪人艾德·维克多对我说过："如果最好的回答是'肯定'，我能给的第二好的回答就是迅速的'否定'。"他经常给我迅速的"否定"，但我非常感激他。因为搞不清楚别人的意见才是最折磨人的，我们都知道如何面对拒绝和否定（至少我知道），最怕的就是对方迟迟不表态。

2022年2月4日

达米安慢吞吞地走进办公室，脚步有些沉重，没有了往日的神采飞扬。

"你还好吗？"我问。

"没事，我很好。"他回答得有些勉强。

过去这几年外部环境比较动荡，我一直在密切关注着同事们的心理变化，但最近我有点自顾不暇，难免对他们有所忽略。他们表面看起来状态都还不错，但由于疫情影响，社交活动受到很多限制，我们很难像以前一样经常聚在一起喝上几杯，说说心里话，所以我也不清楚他们都在想什么。

我们团队的这几个人个性都很鲜明。娜塔莎有点孤傲，但我欣赏她的坚韧，还有边界感。约翰特别注意维护个人形象，就像伊丽莎白·泰勒说的，当你身处逆境时，你要"给自己倒一杯喝的，涂上口红，重新振作起来"。约翰就是这样，无论环境如何变迁，他总能发现生活中美好、积极的那一面，并心怀感恩。尽管他的演艺事业并不成功，但他从来没有自怨自艾过。除此之外，他还极富同理心，有些客户粗鲁傲慢、无理取闹，他却从来不气不恼。他说："我们怎么知道别人都经历了什么呢？"

达米安天生乐观，总是能看到杯子有一半是满的。他心直口快，做事干脆利落，我很少为他担心。不过自从疫情暴发，他已经两年没回家陪家人了，听说他的父亲身体不太好。他在伦敦和别人合租一个公寓。疫情防控之前，达米安喜欢社交、运动、和朋友聚会、周末去旅行。对于一个澳大利亚人来说，伦敦不算特别遥远。他说他选择来到这里工作，是为了"吸取生命的精华"（梭罗的一句名言）。我想，随着时间推移，由于气候、生活方式、家人这些原因，终有一天他还是会回到家乡的。

"我们去看看新开盘的项目怎么样？"我问达米安。

达米安有点犹豫："好，约翰去也可以吧。"

平时达米安从来不会错过参观新项目、了解房产市场的机会，所以我感觉今天他有些不对劲。

"我还是希望你和我一起去，我约好了 10 点钟。"

约翰喝了一口咖啡，向我投来赞许的目光。

我们离开办公室，步行前往霍兰公园。散步或者开车的时候，特别适合聊私人话题，因为除了说话，你还要专注于其他事情，聊天就会很放松，而且你们之间没有目光接触，可以说一些面对面时不好意思说的话。

可是，走了 20 分钟，我还没想好要跟他聊些什么。

"我很喜欢这个广场。"走过爱德华广场的乔治亚式建筑[1]

---

[1] 在伦敦可以随处见到第一次世界大战之前建造的建筑，这些建筑的风格有很多，比较常见的三种分别是乔治亚式、维多利亚式和爱德华式。乔治亚式建筑是最古老的，也被认为是英国寻求民族建筑风格的产物。

时，我终于说出了开场白。这个广场是为迎接征服拿破仑的将领们的到来而建造的，每次走过，我都会被这片绿洲震撼。它和肯辛顿商业街只隔着一条马路。只有在伦敦，你才能从繁华的购物中心迅速切换到宁静的绿色旷野。我们走过一栋栋红砖排屋，推开铁艺大门就是前花园。这些房子既不奢华也不简陋，给我的感觉就是恰到好处。广场对面是一座占地1.4公顷的花园，还有一个草地网球场，仅供这里的住户使用。花园很美，就像电影布景一样，有木质长凳、弧形的林荫道，中间还有一座巧克力盒子形状的小屋，是园丁的休息室。

"真的很美。"达米安说。

"这是最有伦敦特色的地方，你觉得呢？"

"确实是，不过伦敦还有很多特色呢。"

"你看到的伦敦比我更多元。"

"也许吧。"

对话的开场似乎不太成功。

我们离开商业街，走到梅尔伯里路上，前面就是已故电影导演迈克尔·温纳的维多利亚宫，现在归歌手罗比·威廉姆斯所有，他租给了餐馆老板理查德·卡林。

我又找了个话题："达米安，你还好吗？这段日子一定很难熬吧？你是不是很想家，想你的家人？真抱歉这段时间没跟你好好聊聊。"

"我挺好的，就是有点担心我父亲，不过他会没事的。昨天确实有点事情困扰我……"

我们走到温纳的房子前面。一开始有个对冲基金经理想买这个房子，委托我代理。马上就要成交的时候，罗比突然杀了出来。他发行的唱片拿到了一大笔版税，所以报了个很高的价格，远远超过我们的报价，最后房子被他买下了。不知他现在有没有后悔。他的邻居，齐柏林飞艇乐队的吉米·佩奇想要建地下泳池、私人电影院和健身房。这是被列入历史名胜的建筑，擅自改动会破坏建筑的结构。两个人为此发生了激烈的争吵，罗比一气之下搬到了洛杉矶。

"昨天发生了什么事？"我问。

"你知道 Good Gym[1] 吗？"

"知道，一个跑步的公益组织。"我们拐弯到了伊尔切斯特广场[2]，这里看起来很像我想象中的华盛顿特区，紧邻霍兰公园，街道宽阔，建筑低矮而坚固，呈现出一派繁华的景象。房子建于 20 世纪 50 年代，外观简洁大方，室内面积较大，非常美式，不太像伦敦的房子。这个地段的房产均价约为 2000 万英镑。

"我加入了这个组织，平时经常去看望一位老人，他叫布

---

1 Good Gym 是英国的一个非营利组织，口号是：做好事，健好身（Do good, Get fit），创办宗旨是把跑步和公益结合在一起。跑步的人加入 Good Gym 以后，会被分配"教练"，也就是同一个社区里的孤寡老人或行动不便的老人。跑步的人可以跑到这些老人的家里，和他们聊聊天，问问老人是否需要买什么，再跑到当地商店，帮老人买回来。
2 伊尔切斯特广场（Ilchester Place）位于西伦敦霍兰公园附近，是全英第三贵的豪宅街，周围有众多高档住宅、高档商场及餐厅。

莱恩，孤身一人，没有家人。我会帮他买一些他需要的东西，从窗户递给他，然后坐在外面和他聊聊天。他很注意疫情防控。"达米安说。

"达米安，你真好。"

"他是个有故事的老人。"

"是，一定有很多故事。"我们拐了个弯，来到阿伯茨伯里路。一只开屏的孔雀从霍兰公园悠闲地漫步出来，汽车都停了下来等它过马路。

"我每隔一天去看他一次，他从不出门的，可是昨晚他不在家。我问了他的邻居才知道他住院了，救护车接走了他。他没有感染新冠，但这个年纪住院，情况应该是很危险的。我感到很难过，而且我还不能去医院看他。我突然想到，如果我父母生病了，而我被困在这里回不了家，那该怎么办？"

我的鼻子有些发酸，他的话让我也想到了我的父亲："这段时间真的很艰难，我们都在适应。"

达米安疑惑地看了看我，问："你还好吗，麦克斯？"

"我没事。你早上来的时候我觉得你有点不对劲，很担心你，现在我知道是怎么回事了。你能照顾这位老人，真是太好了。你父母那里可以多打打电话，多问候一下。"

我们穿过意大利风格的别墅街（政府当年建造这些巨大的白色灰泥宫殿式建筑，是为了向世人宣告大英帝国的繁荣鼎盛和不可战胜），来到霍兰公园北部新开盘的项目，聊天暂告一段落。

销售中心的配置还是过去那几件套：沙盘模型、展示大厅和演示视频。即使配上斯蒂芬·弗莱[1]式（也许就是他本人）的解说，也让人感觉毫无新意。解说人声音洪亮地介绍着绿树环绕的20米泳池（呵呵，真好笑，这有什么稀奇）、能播放最新电影的私人电影院（呵呵，现在我更愿意和朋友一起去公共电影院看电影）、业主需要任何东西都能马上提供的24小时礼宾服务（任何东西？我突然想起以前那位要求提供高端伴游的客户，你们真的能提供任何东西吗？），还有送餐到公寓门口的服务（这不就是升级版的外卖嘛），等等等等。

我没兴趣了解这些所谓的高端配套服务。开发商穷尽心力，一再提高交付标准，甚至到了荒谬的地步，只是为了将超级富豪和普通富裕人群区分开来，仿佛买了这个房子，就能彰显他们与众不同的尊贵身份。这让我想起了汤姆·沃尔夫的小说《虚荣的篝火》（*The Bonfire of the Vanities*），其中一段文字描写住在曼哈顿公园大道的精英们如何千方百计地避免与"普通人"接触：他们从有门卫守护的公寓，到有司机驾驶的汽车，再到管理森严的地下车库，从未因与外界接触而受到"污染"。曾经有个客户跟我说，他从纽约回来没有坐私人飞机，而是乘坐

---

1 斯蒂芬·弗莱（Stephen Fry），英国演员、主持人、有声书国家级人物，遣词造句十分讲究，博学且幽默。

商业航班（当然是头等舱），但他觉得很开心，因为他在机场休息室偶遇了一个朋友，然后又在飞机上偶遇了另一个多年未见的朋友。太富有的人总是避免与外界接触，这会让偶然相遇的机会大大减少。

市场部的销售经理凯茜是一个20多岁的金发美女，穿着一身剪裁合身的套裙，对我们露出职业化的笑容，不过笑容看起来有些疲惫。她口才不错，讲话抑扬顿挫，重点突出。她接替了"斯蒂芬·弗莱"的工作，开始向我们介绍。其实我并不关注这些配套设施，诸如水疗护理、停车甲板、礼宾服务之类的，我只关心最基本的问题，包括房子的结构、户型、朝向以及浴室是不是有窗户、挑高有多高等等，这些才是房子最重要的元素。你真的需要在凌晨3点让管家把米其林星级消夜送到你的房间吗？

居住在伦敦，就要充分感受这个城市的多元化，但这些超级豪宅却越来越追求同质化。进入其中，你会觉得在伦敦和在迪拜、新加坡没有任何区别。开发商只关注配套设施和服务，完全不考虑如何体现城市的特色和文化。有一次我在样板间里看到了一个日式智能马桶，就是那种能清洗和烘干臀部的马桶。我开玩笑地问："有没有人能提供这样的服务？"销售经理看上去有点紧张，好像生怕我因为没有这种人工服务而感到不满意。他告诉我每个公寓都配备了一名私人管家，能提供一对一的服务。但如果比服务，哪里有尽头，无论你提供什么样的服务，到头来都变得不足为奇。

凯茜继续滔滔不绝地介绍着项目的配套设施，对我的问题充耳不闻（我认为她并不知道答案）。其实她只是在机械地背诵台词，并极力伪装出热情洋溢的态度。

凯茜说这个项目配有六层楼高的智能停车库，非常方便，在应用程序上预约，几分钟内就能取到车。

"这个应用程序是开创性的，这是第一次用在伦敦的项目中，之前在新加坡的'六善'（Six Senses）项目中试用过，用户满意度是98%。"

"挺神奇的。"达米安似乎对这个话题很感兴趣，一直在专注地倾听。我强忍着哈欠，不断提醒自己要尊重凯茜的工作，装也要装出感兴趣的样子。达米安比我更懂高科技，他很喜欢研究这些应用程序。而我总觉得，在办公室就能远程调好家里浴缸的水温，回到家就能立刻洗热水澡，这确实是挺神奇的，可时间久了，这种新奇感会不会消失？生活的乐趣会不会少了许多？不过，有钱人的乐趣我哪里能想象得到呢？我又有什么资格质疑亿万富翁和坎迪兄弟的成功呢？

"听起来不错。"我敷衍地说。此时就连达米安的兴趣也开始减退了。我们俩都知道这样的应用程序总会在某个时间点失灵，操作系统会老化，技术设备会出问题。就在前几天，约翰和我去看了十年前坎迪兄弟开发的豪宅，我简直不敢相信它看起来是那么的过时——那些设备就像古董一样，并且无法正常使用。漂亮的黄铜电灯开关再过二十年仍然独具魅力，而路创[1]照明系统五年后就需要更新。这就是区别。

"入门级户型售价多少？"还是问点实际问题吧。

凯茜拿起鼠标，在平板电脑上点击查看。"有几套一居室的公寓，起步价是……"她疯狂地点击着鼠标，"550万英镑。"

"这配套可真不便宜。"我还是说出了事实。

在回办公室的路上，我和达米安聊起伦敦正在兴建的大批豪宅项目：梅费尔[2]的格罗夫纳广场[3]、切尔西豪宅[4]、巴特西发电

---

1 路创（LUTRON）是智能照明控制系统品牌，1961年成立于美国宾夕法尼亚州库珀斯堡市。路创产品的应用范围涵盖住宅、酒店、办公楼、零售商店、公共设施等领域。

2 梅费尔（Mayfair）是伦敦著名的上流住宅区。这片区域北靠牛津街，南边是皮卡迪利大街和格林公园，西邻海德公园，东边则是摄政街，堪称"黄金地段中的黄金地段"。

3 格罗夫纳广场（Grosvenor Square）是伦敦的一个花园广场，位于奢华的梅费尔区，是威斯敏斯特公爵梅费尔产业的核心，得名于其姓氏"格罗夫纳"。因为有着辉煌的历史，格罗夫纳广场的房价自然不低，曾有多套房产以超过2500万美元的价格售出。

4 切尔西豪宅（Chelsea Barracks）位于伦敦最具声望的上流住宅区，是建筑界最优秀的总体规划师和设计师联袂呈现的经典之作。切尔西豪宅的联排别墅被占地五英亩的葱郁花园环抱，是伦敦独一无二的高端奢居，在沿承格鲁吉亚时期建筑风格的同时，又别具现代格调。

站[1]以及整个九榆树区[2]的改建。我想知道需求从何而来，买家又会是谁。也许这将成为一种全新的生活方式，和我们路过的爱德华广场截然不同。普通劳动者的住房严重短缺，而豪宅项目又大量涌现，这两者之间似乎没有取得一个很好的平衡。

我们一进办公室，娜塔莎就问："感觉怎么样？"不过从她的神情可以看出来她没兴趣知道答案。

"和以前看的项目一样，全都是华而不实的东西。"

"这不就是这个时代的标志吗？"约翰一句话总结道。

2022 年 2 月 8 日

斯利克打电话给我，要和我讨论一下萨拉和斯宾塞的房子的估价。斯宾塞委托他全权代理，这让我感到很恼火。面对斯利克，我很难做出客观的判断。

---

[1] 巴特西发电站（Battersea Power Station）耗资 90 亿英镑、经过 10 年的重建改造，于 2022 年 10 月正式开幕，是一个集购物、娱乐、文化、酒店、住宅以及办公的超大型城市社区综合体。这个全球最大的红砖建筑，无论是在 20 世纪 30 年代还是接近 100 年后的今天，都是伦敦市中心内的标志性建筑，也是世界上最知名的建筑之一。

[2] 在寸土寸金的伦敦一区，最具投资价值的区域要属九榆树区（Nine Elms）。它地处泰晤士河畔，比邻传统富人区切尔西、梅费尔，拥有绝佳的地理位置与开发价值，美国大使馆等陆续迁入，"使馆区"成为它的新名片。作为欧洲最大的复兴区，该区域还将被大力开发至 2030 年，直至全面脱胎换骨成集商业办公、艺术文化、休闲娱乐于一体的国际都市中心。

当年是我建议斯宾塞夫妇买的这个房子，可以说非常幸运，天时地利人和。2008年金融危机爆发，当时的业主准备置换新房子。他看中了一套，很快就签约了，但旧房子还没有出手（通常情况下，旧房子都能很快卖掉）。马上就要办过户手续了，资金却迟迟不能到位，业主非常着急。我和斯宾塞趁这个时机和业主讲价，以超低价格在48小时之内成交。

他们的房子不像社区中的其他房子那样千篇一律——全部是米色外墙，走廊上挂着达米恩·赫斯特的蝴蝶画[1]，厨房和卫生间的布局也一模一样。萨拉没请设计师，而是自己做的设计，充满巧思，配色大胆，营造出明快而热烈的家居氛围。房间里的每一样物品都有故事——壁炉旁的浮木长凳是去缅甸旅行时买的，手工陶器是去博茨瓦纳狩猎带回来的，浴室中的古董浴缸是从奶奶在威尔士住过的小木屋搬来的。他们的房子不是样板间，而是有温度、有个性的家。

房子位于兰斯顿路[2]，紧邻公共花园，有室内停车场，完美匹配他们的需求。在过去十年间，这个地段最好的房子房价翻

---

1 达米恩·赫斯特（Damien Hirst），新一代英国艺术家的主要代表人物之一，代表作《生者对死者无动于衷》的价格在在世艺术家作品中排名第二。蝴蝶是达米恩的重要创作母题，他利用蝴蝶翅膀组成各种图案，在千禧年创作了最脍炙人口的"万花筒"系列。

2 兰斯顿路（Lansdowne Road）是全英最贵的十大街区之一，位于诺丁山，平均房价达到1460万英镑。

了一番，而其他的那些豪宅板块（比如梅费尔、骑士桥[1]、贝尔格拉维亚[2]和切尔西）的房价只上涨了 10% 到 20%。

很多对冲基金经理还有科技公司、金融公司、独角兽公司的 CEO 喜欢买诺丁山的房子。我以前一直搞不明白，为什么那里的房产溢价率这么高。完成了几笔房产交易以后，我找到了个中原因：业主都来自同一个圈层；建筑独具特色；公共花园遍布绿色植物，就像一个天然氧吧，和车水马龙的市中心相比，这里真可称作"自然天堂"；孩子们自由地奔跑，追逐嬉闹；大人们悠闲地散步、遛狗、聊天；花园广场经常举办烟火晚会、周末市集、露营活动，既远离都市的快节奏，自成一方小天地，又有难得的人间烟火气，让人感觉舒心、放松、温暖。社区中有很多售卖手工制作的面包和纸杯蛋糕的精品小店（不过我敢肯定住在那里的女士不吃碳水化合物），代表着一种浪漫随性的生活方式，有点像中产阶层版的电影《诺丁山》。影片的编剧理查德·柯蒂斯和妻子埃玛·弗洛伊德就曾在这里生活了很多年，还有许多名流贵族也居住于此，皆因喜欢这种浓浓的文艺复古气息吧。

---

1 骑士桥（Knightsbridge）位于伦敦市中心西部，是全英最贵的十大街区之一，北侧是海德公园，地理位置非常优越，哈罗兹百货就在附近，可以很直观地感受伦敦的繁华。
2 贝尔格拉维亚（Belgravia）是伦敦市中心以西的一个区，属于威斯敏斯特市和肯辛顿－切尔西区。该区以非常昂贵的住宅物业著称，是世界上最富裕的地区之一。此区大部分由威斯敏斯特公爵的格罗夫纳集团所有，被称为"格罗夫纳地产"（Grosvenor Estate）。

我们还没讨论，斯利克就直接说了一个数："我认为700万英镑是个合理价位，就这么定吧。"斯利克说话总是一种居高临下的态度，不容别人质疑和反驳，而且他为人阴险狡诈，做事不择手段。我们曾经合作代理一套房子，我想着以后还要长久合作，就主动把自己的佣金让出来一部分给他，希望将来我遇到困难的时候，他也能帮我一把。看来我是过于天真了，当我真的需要帮助时，他不仅没有报答我，还雪上加霜地撬走了我介绍给他的客户。在他的眼里，我就是个不折不扣的蠢货，容易拿捏，软弱可欺。

斯利克算是这个行业的大佬，事业很成功，人长得也挺帅，风度翩翩，英俊潇洒。让我印象深刻的是，他总是能毫不费力地掌控全局，从不被客户牵着鼻子走，而是把主动权牢牢掌握在自己手里。我曾试图仔细观察他是如何做到的，我发现，他在客户面前总是表现得非常自信、权威，对他代理的房产充满信心（无论真假）。他能与客户平等交流，甚至让人感觉他比客户的认知高出一个层次。正因如此，他在买卖双方面前都极具说服力，而面对同行时又会隐约表现出一种轻蔑和不屑。他身高一米九，总是打扮得一丝不苟，穿一身剪裁考究的西装，头发整齐地向后梳着。如果要给出一个形象的比喻，在我看来，他很像演员查尔斯·丹斯[1]。

---

1 查尔斯·丹斯（Charles Dance），英国电影演员、导演，擅长扮演自信的官僚和罪恶的反派角色，比较经典的角色是《权力的游戏》里的泰温·兰尼斯特、《异形3》里的克莱门斯等。

"太荒唐了，这个估价简直低得离谱。"我尽力让自己说出来的话有权威感。

"我不这么认为。你知道他们多少钱买下来的吗？450万。这个涨幅已经很高了。大家都很清楚，高端住宅市场在过去的13年里涨幅没有超过60%。"

"他们是在特殊情况下低价位买进的，之后又花了100万装修。诺丁山的市场与伦敦普遍意义上的高端住宅市场完全不同。这里的房产涨幅远超60%。"

"不是这样。你看……"他列举了一些同类型房产的销售情况，但那些房产其实没有参考价值。

"那这样吧，你提出你的估价，我进行市场比较后也提出我的估价，然后我们和律师一起讨论，看看最终能否达成一致。"

"我们绝对不能让律师参与进来，那会伤害到双方当事人。他们现在还是一家人，要以大局为重，你肯定没有顾及他们的孩子吧，麦克斯。"

我没有反驳。我很想问他是否知道萨拉和斯宾塞的孩子叫什么，但还是忍住了。

"当然，大局为重，但也要根据市场情况做合理估算。就我目前知道的，有两个买家愿意出1000万英镑买那栋房子。"

"什么？1000万？你在开玩笑吧？这个数字已经远远超出了我们讨论的范围。"

"不好意思,这就是我的估价。如果你和斯宾塞不认可,我们可以拿到市场上做评估。你决定吧。'

"你太不专业了,麦克斯,我觉得你不适合干这行。要不你先征求一下你的委托人的意见吧。需要我给萨拉打电话吗?"

"你试试吧,看她是否会接你的电话。"

这场面有点像美剧《豪门恩怨》里的一幕,我本来想模仿一下亚历克西斯·卡林顿,但没有成功。撂狠话这招真的不适合我。

"等你想清楚我们再谈吧。"还没等我回话,斯利克就挂断了电话。

第一轮对决,他暂时占上风。我决定抢先行动,绝不能把自己置于被动的境地。

我抢在斯利克前面给萨拉打了个电话。

作为房产经纪人,和客户沟通的原则是,即使没有什么可说的,也要保持沟通。

她接起电话就问:"谈得怎么样?我能搬到女王公园吗?"

"希望如此。我是想提醒你,斯利克可能会给你打电话。他给兰斯顿路的房子估了一个极低的价格,我正在反击,必须让你得到你应得的那一份。"

"我应得的?"

"是的——房子估价的一半。"

"嗯,这是我们调解后达成的协议。但你刚才说'我应得的',我想知道'应得'指的是什么。这个词其实有多重含义。说实话,能摆脱过去的束缚,重获自由,我挺开心的。我当然也希望能分到足够多的财产,作为以后生活的保障,让自己有更多选择,多一些安全感。可是我又在想,当初买房子的钱是斯宾塞挣来的,钱对他来说比对我更重要,我一定要分毫不差地分走一半家产吗——我不知道,其实我不想那么计较。"

"我知道你会这么想,萨拉,这就是我钦佩你的原因。但是你现在先别想着像麦肯齐·贝佐斯一样把离婚分的钱都捐出去[1],按协议约定你应该拿到的财产一定要拿到手,然后你再考虑怎么合理支配。"

"但我应得的究竟是什么呢?我当初嫁给斯宾塞是因为爱他,或者说曾经爱他,我都不知道该用什么时态了。后来我们有了孩子,他运气不错,赶上好时机,赚了很多钱,可我不希望孩子们在过于看重物质财富的环境中成长。我不希望那样。"

"可是你也不希望孩子们跟父母过着两种截然不同的生活吧。和父亲在一起身份尊贵,和你——"

"和我在一起就低人一等?"

"我不是这个意思。"

"我知道你想说什么。我只是不希望他们把金钱和幸福画

---

[1] 麦肯齐·贝佐斯(MacKenzie Bezos)是亚马逊创始人杰夫·贝佐斯的前妻,在他们离婚后,她凭借分得的亚马逊股份在世界女性富豪榜位居第三。然而,仅仅两年间,麦肯齐就把离婚分到的 425 亿美元资产捐出了 92 亿。

等号。我希望他们在多塞特海岸的小屋里和表兄妹一起玩耍时是快乐的,在迪拜和那些花几千英镑喝香槟的富家子弟在一起时也是快乐的。这需要我的教育和引导。"

"你总是那么有智慧。"

"我们快点把这个事了结吧。我非常喜欢女王公园的房子,感觉特别好,我不想错过它。我没有什么投资眼光,但我相信自己的直觉。我见过两个邻居,他们都很不错——一个在出版业工作,另一个离开银行后准备转行做心理治疗师,现在正在接受培训。和这样的人在一起,我感觉更自在。他们和我一样,都在努力让自己的生活更有意义。"

"我懂了。交给我吧,我会处理好的。"

2022年2月9日

我约了斯利克在一家咖啡馆见面。

我故意选择了他平时没去过的商业街上的连锁店,希望陌生环境能给他造成一点干扰。他穿着笔挺的灰色羔羊毛西装,还有在萨维尔街[1]定制的手工缝制的奶油色衬衫,搭配褐色的羊绒围巾和擦得锃亮的皮鞋。与他的光鲜亮丽相比,我显得有

---

[1] 伦敦萨维尔街(Savile Row)被誉为"西装裁缝业的黄金街道",是绅士西装文化的发源地。身着一套萨维尔街的定制西装成为世界各国权贵、富商、明星的身份象征。

点灰头土脸。我穿着藏蓝色的Massimo Dutti[1]的磨毛棉布长裤、Charles Tyrwhitt[2]的免烫衬衫和墨绿色的优衣库毛衣——是羊毛的，不是羊绒。

"怎么样，冷静一些了吗？"他语气中带着轻蔑，一边打量周围的环境，一边在沙发上坐下来。他看起来有点不太适应这里，但还是做出镇定自若的样子。

"希望我们都冷静下来了。"说完这句，我正要继续说，又咽了回去。我告诉自己，沉默是金，为了说话而说话只会削弱你的谈判地位。

我们面对面坐着，我看向桌上的美式咖啡，仿佛那里面写着关于世界和平的答案。

"呃……"斯利克沉吟半晌。

我继续保持沉默，等他先说。

他终于开口了："我觉得你的估价高得离谱，可斯宾塞一向慷慨大方，所以我们可以折中一下。"

我不想把他逼得太紧，先喝了一口咖啡，然后说："我认为我的估价符合实际，我想你也很清楚市场行情。"

"我们不需要讨论每平方英尺值多少英镑这种问题，这些大家都清楚。我们只需要让客户满意，对吗？"他有点不耐烦

1　Massimo Dutti，西班牙的时尚品牌，创立于1985年11月，以男装起家。
2　Charles Tyrwhitt创立于1986年，1997年在伦敦杰明街开设旗舰店，主打正装衬衫。

了，抬起手腕看了看他的百达翡丽手表，好像要准备结束对话。

"你说得对。"我又喝了一口咖啡，继续保持沉默。真开心能在这里跟斯利克较量，他在这个环境感觉很不自在，简直就是如坐针毡。

"好吧，那你认为应该估价多少？"他的声音带着明显的恼怒。

"我认为这个房子至少值1000万，我的客户也很大方，不会太计较，所以我们就按1000万来定吧。斯宾塞只需要拿出500万就能让萨拉离开那里。"

"什么？"他提高了声音，又深吸了一口气，极力抑制住几乎喷薄而出的怒火，"这太离谱了！太夸张了！"

"那还是放到市场上吧，我们可以共同代理，看看能收到什么报价。"

"开什么玩笑，我们已经讨论过这个问题了，这样做会引起混乱。斯宾塞并没有打算卖房子，我们这么做太不道德。800万怎么样？"

他提到"道德"二字，让我有点想笑。我没接话，必须再给他施加一些压力。

"怎么样？"他又问了一遍，用手掸了掸裤子上并不存在的灰尘。

我故意停顿许久，然后说："我们得参照实际情况，凭空说价格没有意义。"

"900万。"他咬着牙说。

"至少要到950万萨拉才能接受。"

斯利克拼命克制自己才没有骂出声来:"那好吧。"

"你能代表你的委托人确认这个估价吗?我想我们两个都不想再反复谈判了。"

"我可以,"他站起身来,"你也可以吗?"

"我会在半个小时之内确认。"

"下次见面,我来选地点吧。"斯利克说完最后一句话,大步走出咖啡馆。

我估计700万萨拉就能接受,因为购买女王公园的房子只需要300万,950万英镑对她来说肯定超出预期,所以我很快就跟斯利克确认了,让律师准备协议。

2022年2月10日

我们又去看了女王公园的房子,只是为了确保上次看中这个房子不是一时冲动。我总是建议客户,同一套房子至少要看三次,而且要挑选一天中不同的时间段去看,以确定自己是否真的想买。如果是以前不熟悉的区域,我会建议他们在晚上、周末的早上和工作日到附近走走,感受一下周围的环境。

这次依旧是建筑师业主接待的我们,给我们介绍了他是如何构思的整体布局,还有在这里居住的感受。他说他们一家人每天都很开心。我们坐在餐桌旁,打开通往花园的玻璃门,阳光和微风倾泻而入,心情一下子明朗起来。这个房子有整整一层都是公共休闲空间,全开放式,另外还有儿童房和影音室。卧室在二层,主卧套房包括浴室、衣帽间和书房。房子没有地下室和半地下室,也没有私人电影院和游泳池。真令人欣慰。

"你觉得怎么样?"萨拉问我。

"我很喜欢。"

"我也是。我们该怎么做?我怎样才能得到它?"

"这个房子是场外交易,目前没有其他买家看房和竞争。我认为他们要价300万是合理的。我查看了同类型房源的价格,这个价位是可以接受的。你是现金买家[1],我们的过户律师随时待命,一切准备就绪。我们会在备齐所有文件后的十个工作日内发送独家报价,速战速决,尽快拿下。"

"就这么办。"萨拉说,"这个房子我感觉很好。"从前的萨拉又回来了,对生活充满信心和希望。

"我也是。"

"谢谢你,麦克斯。"

"我也没做什么。"

"你一直在这里陪着我。"

"这是我应该做的。我为兰斯顿路的房子争取到了理想的

---

1 现金买家(cash buyer),指全款支付而不是贷款或分期付款的购买者。

估价，你还满意吗？"

"当然满意。谢谢你的特别关照。"

我回家后马上打电话给业主，对方没有委托经纪人，所以我们直接就成交了。我喜欢这样做生意，不绕圈子，干脆利落。业主对萨拉印象不错，知道她买这个房子是因为生活中发生了一些变故。萨拉对价格没有过多计较，还给了他们四个月的时间搬家，业主非常开心。就像许多伦敦人一样，他们准备搬到乡下去住。我开了一瓶香槟，向空中举杯，为今年的第一次成交、为萨拉的美好未来干杯。此时此刻，我突然涌现出这种想法：如果有人能和我一起干杯庆祝，那该多好啊！

2022 年 2 月 11 日

娜塔莎又迟到了。

为了避免同事说闲话，她抢先说："福蒂斯丘叔公确定会和我们签独家代理合同。他昨晚给我父母打电话了。"

"哇，那真是太棒了，我们好运连连啊！"我说。

最近我们确实势头很旺。吃过午饭，约翰宣布他争取到了一个新客户，对方想在伦敦找一个 pied-à-terre[1]。一听是"临时住所"，我有点失望：原来只是要找一套单间的公寓。约翰赶

---

[1] 指人们在常住地以外的城市的临时住所或公寓，可以作为工作或度假期间的落脚处。

紧解释："别灰心，弗拉维娅说的其实是可以举办四十人酒会的公寓，要优雅气派，地点在伦敦最著名的广场，而且必须是顶层公寓（Piano Nobile）[1]。南肯辛顿附近的房子比较合适，离住在切尔西的科克很近，哦，科克是她的儿子。"

"这样的'临时住所'我们当然感兴趣。再多讲讲她的情况吧。"

"她阅历丰富，是真正见过世面的人。她以前在时尚圈，后来还经营过一家纺织企业，20世纪90年代在意大利认识了科克的父亲，两人分手后，她搬到了乌拉圭的一个农场，然后又去了日内瓦小住。她现在定居巴黎，在摩洛哥的丹吉尔也有房子，因为科克搬到了伦敦，她很爱她的儿子，所以她想在伦敦多待一些时间。"

"你是怎么认识她的？"

"我们通过罗比兰泰家族认识了很多年，疫情期间变得更亲近了。她2020年圣诞节前来看儿子时被困在了这里。我们经常一起散步，关系越来越好。我甚至可以说，她来这里安家，并不仅仅是为了科克。我已经深深爱上了她，麦克斯。"

"真为你高兴，她和你同龄吗？"

"干吗要提年龄？"约翰一向对自己的年龄守口如瓶，但通

---

1 "Piano Nobile"是宫殿式住宅的代表性元素，是古典文艺复兴时期住宅的一楼主厅，在当代建筑中通常指的是最高的楼层，显得更为尊贵庄严，可以让居住者远离街道的污垢和气味。

过他平时讲的那些演艺界的事，可以推测他的年龄在 50 岁左右。粗略计算一下，这位女士至少有 60 岁了。

"祝福你们。"

他叹了口气。

"怎么了？"

"真爱之路从来不会平坦。"

"是因为她大部分时间在国外吗？"

"哦，不，那不是问题。人到了一定年龄以后，会渴望拥有一些自由空间。"

"那还有什么问题？"

"问题在于她的丈夫。"

"明白了，那的确是个问题。"

2022 年 2 月 15 日

我沿着伯爵短道一路小跑着去见昆汀，但当我到达那里时，我发现自己不知道该说些什么了。我已经和昆汀聊过人生中经历的所有情感困惑，而现在的对话通常是重复我们之前的话题。

"那次心脏病发作会对我造成很大影响吧。"每次都要说起这件事，我都有点烦了。

"是的，需要时间平复。那次的事肯定已经对你产生了影响。"

"是，我有很明显的变化，我现在不太会为了一些小事而生气。比如别人的怠慢、朋友的背叛，这些我都不会放在心上。"

"那太好了。你父亲怎么样？"

"他很好，很幸福。"

我和昆汀最初的面谈主要聊的就是我父亲。母亲去世后，他一直情绪低落。我的两个哥哥都结婚了并且有了孩子，而我一直单身，陪伴他的时间最久。我们互相依靠着渡过了难关，甚至可以说有点过度依赖对方。一年后他认识了新的伴侣，现在两个人幸福地生活在一起。我和父亲仍然很亲近，他给了我最大的支持。关于我们的关系，我觉得已经没有什么要和昆汀说的了。

我和昆汀的面谈陷入了重复和循环，我有时想讲一些让人感到震惊的事，但我猜对昆汀来说，没有什么事能让他震惊。他总是侧着头，双手交握，带着理解和同情的表情，安静地倾听。

2022 年 2 月 18 日

福蒂斯丘发来一封信，正式接受了我们的合约。我很开心能够战胜诡计多端的斯利克。在福蒂斯丘心中，家人始终是排第一位的。我猜他之前威胁我们要选择别的经纪人，是为了压低我们的佣金。我们会收取 1%～1.5% 的佣金，具体根据成交情况而定。如果与买家直接交易或通过我们出售，佣金是1%；如果通过子代理出售，佣金是1.5%，因为我们要给子代理0.5%。尽管竞争激烈，我们还是坚持不降佣金。娜塔莎觉得我们的友情价优惠力度太小，她帮福蒂斯丘争取了一个家人折扣。

现在到了最困难的环节：我们要开始找买家了。

通常的流程是，在场外交易期间，我们会联系子代理，让他们把信息传达给客户。如果在一定的时间段内没找到合适的买家，我们再把房子拿到市场上公开挂牌出售。

当然，福蒂斯丘的房子绝不能挂到网上。我们要错开时间联系子代理，确定好要联系谁，在什么时间联系：谁是该地区实力最强的经纪人？谁手里有最好的买家？谁最可信赖？和谁合作感觉最好？

我们这个区有很多经纪人，每周还会不断有新人加入，我最看好的有十个人。做房产经纪人不需要通过资格考试，任何人都可以尝试。有隶属于公司的商业街[1]房产经纪人，也有单打独斗的独立经纪人，二者的区别现在越来越小，大家都能参

---

1 在英国的商业街上，最引人注目的店铺就是数目众多的房产中介门店。他们最大的特点是收取高昂的中介费。传统的商业街房产中介门店通常会向卖房者收取房屋最终售价的1%～3%作为中介费，他们的服务包括提供房屋的照片、平面图、能源效能证书，发广告，在房地产门户网站推广，在登记的潜在买家中推销，带人看房，代表卖家与买家讨价还价，等等。

与竞争场外交易的代理权。一直以来都是这样的运作模式，无可厚非。不过至少我刚入行的时候在一家大牌经纪公司待过，学习过专业技能，而有些独立经纪人是半路出家，缺乏专业素养。

房产经纪人大致可分为四种：

1. 人脉广的人。例如，某位公爵的儿女，有优质的人脉资源。

2. 专攻利基市场[1]的人。比如在伦敦生活的意大利人，专为意大利人提供服务；退役的运动员、曾经的银行家，专为体育界、金融界人士服务。我的客户来自各个群体，但我很想把自己定位成"文艺界"经纪人，专为作家、演员和艺术家提供服务。约翰加入我们团队，对我们就很有帮助。

3. 曾经在大牌房地产经纪公司（比如第一太平戴维斯[2]、莱坊[3]、斯特拉特＆帕克[4]）工作过的人。他们厌倦了公司的流程化管理、毫无意义的会议，无法忍受眼里只有数据、缺少人文关

---

[1] 利基市场（niche）是指针对企业的优势细分出来的市场，这个市场不大，而且没有令人满意的服务，因此产品推进这个市场，有盈利的基础。在这里特指针对性、专业性很强的产品。

[2] 第一太平戴维斯（Savills）是一家在伦敦证券交易所上市的全球房地产服务提供商，于1855年创立，具有悠久的历史传统与卓越的增长态势。

[3] 莱坊（Knight Frank）是一家全球性房地产咨询公司，1896年在伦敦成立，业务遍布全球各重要中心城市，致力于为客户提供高端商业物业和住宅物业服务。

[4] 斯特拉特＆帕克（Strutt & Parker）是英国著名的房产经纪公司。

怀的上司。

4. 投机者。这些人总是追随在富人身边，瞅准机会就想分一杯羹。

我们有一份区域经纪人名单，还在不断更新。现在名单上总共有 250 个人，我们团队四个人分配了一下，开始分头打电话联系。

2022 年 2 月 21 日

今天是第一次带客户去福蒂斯丘家看房。

娜塔莎牵着爱德华勋爵，准备陪福蒂斯丘去海德公园散步，给我们留一个小时左右的时间。天气预报说今天很冷，但阳光明媚。我们赶到那里时，看到福蒂斯丘穿着一件褪色的旧外套，围着一条已经失去光泽的羊绒围巾，正在犹豫该选哪根拐杖。

约翰一向注重外表，福蒂斯丘的这副打扮让他感到很吃惊。不过，他毕竟有充足的舞台表演经验，马上就进入了角色："能见到娜塔莎的叔公，真是荣幸之至。这栋房子绝对是个宝藏，很开心能有机会参观。"他还表示他能理解离开居住多年的家会有多么的不舍，家不仅是一砖一石，还承载着无数回忆……不知福蒂斯丘是否曾经遇到过住在同一条街上的老朋友布莱恩·塞维尔[1]。

福蒂斯丘一开始满脸困惑,之后慢慢松弛下来。约翰说话极富感染力,让人难以抗拒。我冲他比了个手势,示意他可以停止了,得让福蒂斯丘快点出门。他明白了我的意思,扶着福蒂斯丘走下台阶,来到门口,又停下来欣赏了一下门廊的细节。

"多么珍贵的历史瑰宝啊,非常感谢您的分享。"约翰的声音清晰地传来,但福蒂斯丘的声音太微弱,我根本听不清楚。

"走吧。"我对娜塔莎说,把福蒂斯丘的拐杖塞到她手里。她挽着他的手臂,牵着爱德华勋爵一起去海德公园了。

"干得漂亮,约翰。"我说。

接下来我们要开始进行疯狂的准备工作了,我们只有5分钟的时间,需要尽可能地让这座散发着古旧气息的房子焕发一些生机。我们把百叶窗、遮阳板和窗户全都打开,2月寒冷的空气弥漫进来,霉味逐渐消退,变成了刺骨的寒意。约翰带了一瓶圣塔玛利亚诺维拉[2]香水,四处喷洒着。我大喊道:"别喷太多啦,我可不希望福蒂斯丘回来后抱怨这里闻起来像个妓院。"

我们移动过的每件物品,达米安都用手机拍了照片,以便知道如何准确归位。我感觉自己就像在执行秘密任务的卧底

---

[1] 布莱恩·塞维尔(Brian Sewell),英国最犀利的评论家之一。
[2] 圣塔玛利亚诺维拉(Santa Maria Novella)始创于1221年的佛罗伦萨,是世界上最古老的制药和制香品牌之一,也曾是美第奇家族和众多欧洲皇室的御用品牌。

特工。

"天哪,这里比外面还冷。"达米安说。

"至少他不会注意到窗户一直敞开着,只能这么安慰自己了。"

我们今天安排了几批人看房,首先是房产开发商。由于看房时间比较短,大家在这里的时间会有重叠。这样也好,能营造出竞争激烈的氛围。

第一次带客户看房时,我总是很紧张,不知他们是否能有积极的反馈。当你推销一个产品时,你的目标就是赢得对方的信任,帮助他看到这个产品的优点。当你展示一栋房子时,你希望人们能看到你所看到的长处。拿福蒂斯丘的房子来说,长处就是房子的结构、比例和所处街区的位置。当然,短处也很明显,那就是价格过高,而且需要进行彻底翻新。

"好了,"达米安打开阁楼的最后一扇窗户说,"我觉得我们已经准备得很充分了。我真不明白一个人怎么能这样生活?我的意思是,那个老先生又不是没有钱,他完全可以请人来做清洁啊。"

"永远不要低估英国上层阶级的怪癖,"约翰说,"他们认为只有中产阶层才注重清洁。"

最先走进门的是简·芬奇——一个擅长谈生意的开发商,50多岁,蓄着胡子,穿得邋里邋遢,身上散发着一股淡淡的老式香水味。他穿着一件很普通的褪了色的飞行员夹克,打着皮补丁,脚上是一双绿光运动鞋[1]。如果你没见过他的妻子,你永远也猜不到他有多成功。妻子比他小 20 岁,曾经是爱沙尼亚小姐。

简还是那些老套路,他常用的手段就是一上来就压价,说报价太高,根本不值。如果我说房子售价 800 万英镑,他会立刻回应说能卖到 600 万英镑就算运气不错了。他很擅长谈判,在别人讨价还价的时候,他微笑不语,而最终他总是能出其不意地卖出创纪录的高价。

我们走上楼梯,去二楼的书房。

"1000 万?你在开玩笑吧。"他说话的时候唾沫星子都喷到了我的脸上,"这个房子需要彻底翻新,费用是每平方英尺 450 英镑,这可是个艰巨的大工程,至少要花费 3 年的时间。我看只有开发商能做,如果是普通的买家……这对他们来说太难了。"

他说得没错。看着剥落的墙纸、堆积如山的报纸、投射出昏暗光线的孤零零的吊灯,寒风透过敞开的窗户吹进来,我感到一阵寒意,心情也有点沮丧。我把脖子上的围巾紧了紧。这个工程量确实浩大,真是令人苦恼。

"翻新怎么可能需要每平方英尺 450 英镑,你花过这么多

---

1 邓禄普(Dunlop)公司于 1929 年推出了一款标志性的绿光运动鞋(Green Flash),英国的网球传奇运动员弗雷德·佩里在 1934 年的温布尔登网球锦标赛上穿的正是这款运动鞋。

钱翻新吗？简，这方面可能我不专业，但是……"和简打交道最好模仿他的语言风格说话，这样会非常有效，"你先看看外观结构，判断一下能改造成什么样。你见多识广，也有足够的资金，一定能做到。"我要给他打打气。

简拍了拍我的后背："别拿我当小孩子哄，麦克斯先生。"

我们沿着木质的楼梯走向阁楼。

"隔壁那栋房子的售价是每平方英尺 3250 英镑——这个价格可不低。你可以把房间打通，做成一个宽敞的大开间。地下室也可以好好改造利用。"

"那只是特例。等你准备好讨论具体的价格时，再给我打电话吧。"简走在前面，我跟在后面走下狭窄的楼梯，向门廊走去。

"我在梅费尔区有一套房子，品质一流，就在蒙特街附近。你那里有感兴趣的买家吗？"

"多少钱？"

"1200 万英镑。但最终成交价可能会超过这个数字，因为我估计会有竞争。这是顶级房产。"

"多大面积？"

"在梅费尔区，不用翻新，即买即住。"

"到底多大呢？"

"将近 2400 平方英尺。"

我们走到门廊。

"那就是每平方英尺5000多英镑！储藏室或地下室占多大面积？"

业内的人都知道，简会把本应额外赠送的面积都算到房产面积里，并且只用他"信任"的人测量房子。

"别这么斤斤计较，麦克斯。"

"你在开玩笑吗？"

"我从来不拿生意开玩笑。"

"这可是维多利亚路的房子，是一流的。你可想好了，别像霍兰公园的那栋房子一样，卖给别人了你又来抱怨我。"

简没再说话，径直走了出去。与此同时，西蒙娜塔打着招呼走了进来。她来自意大利，穿着时尚，是伦敦的顶级房产经纪人之一。

"这人真是个卑鄙小人，我可受不了这种人，"约翰愤愤地说，"做派太差。"

"可是他非常成功。"我说。

"为什么英国人不爱洗澡呢？"西蒙娜塔一边说，一边步履轻盈地走上楼梯。她一直戴着耳机开电话会议，在意大利语、法语和英语之间来回切换。在业内，她以看房速度快而著称。

达米安、约翰和我就像走马灯一样，不断地在楼梯上擦肩而过。我时而乐观，时而又感到悲观。这个房子确实有价值，但简也没说错：翻新是个大工程，无论谁买下它，都需要投入一笔巨资。不过，在我们这个行业，永远不要低估拥有雄厚财力的人的数量。当然，他们是个小圈子，并且只限于某些特定的职业，但这并不能改变富人数量众多的事实。

达米安给我看了一下娜塔莎刚发来的消息，说她正在回来的路上。时间紧迫，得赶紧把正在看房的人送走。达米安的乐观也感染了我，他觉得那对夫妇和意大利房产经纪人都有希望。"我们一定能卖掉这个房子，可能最终成交价不是1000万，但有人感兴趣，就说明它是蓝筹股[1]。我们想想办法把房子炒热，让大家来抢。"

"你鬼点子真多。"

2022 年 2 月 22 日

正如简预测的那样，大多数买家觉得这个房子需要彻底翻新，工程量实在太大。娜塔莎哭丧着脸说我们最好快点把房子卖掉，她可不想没完没了地陪着福蒂斯丘散步。她建议买家看房的时候福蒂斯丘也在场，让他和买家见见面，我坚决反对。

我盘点了一下对福蒂斯丘的房子不感兴趣的买家，看看这些人有没有可能对奇斯霍尔姆斯的房子感兴趣，可以安排他们再去那里看房。奇斯霍尔姆斯的房子两年都没有卖掉，我很担

---

[1] "蓝筹"一词源于西方赌场，在西方赌场中，有三种颜色的筹码，其中蓝色筹码最值钱。证券市场上通常将那些经营业绩较好、具有稳定且较高的现金股利支付率的公司股票称为"蓝筹股"(blue chip)。

心福蒂斯丘的房子也会遭遇同样的命运。

2022 年 2 月 24 日

"维戈·波特斯来伦敦了,想要见见你。"娜塔莎对我说。

"我们应该知道他是谁吗?"约翰插话道。

"如果他听到你这么问,会非常生气。"娜塔莎说。

"说实话我也不知道他是谁。"我补充道。

"那他会加倍生气。"

"那么,这个名字充满异域风情的人到底是谁呢?"约翰问。

"就是那个网红男孩呀。"

"啊,想起来了!网红男孩。我从来不知道他的真名是什么,不过我们一直在关注他。他总是发很多自拍照,喜欢炫耀,恨不得让全世界的人都知道他过着最富有的生活。"

"这个人确实很肤浅,但是你一直跟我们说要扩大业务范围,所以我给你推荐了福蒂斯丘叔公,还有现在这个维戈。他可是个有影响力的人物。"

"他在哪方面有影响力?"约翰问道,"我不是很了解这个人。只是偶尔在《每日邮报》的花边新闻里看到他,和电视真人秀《爱情岛》里的某个人一起出现,特别可笑。听说他有一个喜欢做慈善的富爸爸。"

"我记不清了,你说过他的预算是多少吗?"我问。

"没有。"

"好，我会问清楚的。"

"小心一点，他是那种带着保镖和车队出行的人。"

"他害怕自己被绑架吗？"约翰认真地问道。

"当然不是，这只是吸引媒体关注并展示他的生活方式的一种手段，不管用什么手段，只要达到目的……"

"可是他真的有购买力吗？"我还是最关心实际问题。

"我想是有的，他总是炫耀他的财富。不过，他追求的那些东西都挺没品位的。"娜塔莎的眼光非常犀利。

"你把他说得很特别。"约翰笑着说。

"我只知道他会是一个特别棘手的客户。"

"你是怎么认识他的？"我问。

"我和他有一些共同的朋友。"

"你像个神秘女主角。"约翰说。

"那些朋友跟我关系很近，所以他很重视我。"

"第一次见面，我应该准备点什么礼物？你有什么建议吗？"

"最好是让人心跳加速的东西，你知道我的意思……又炫又酷又闪亮……还得是特别俗气的那种。"

我只有45分钟的时间准备。说真的，我实在搞不清一个品位堪忧的24岁年轻人可能会喜欢什么。娜塔莎给我分享了维戈最新的社交媒体账号，用户名叫"真的维戈"，好像别的维戈都是假的，只有他才是真的。他发了很多自拍照，还有和真人秀明星（我一个都不认识）的合影，展示各种高消费的场景，并不断炫耀他多么有钱。即使是在疫情期间，他也经常出游。他发布了许多乘坐私人飞机的照片，还有开豪华路虎的照片、打开礼物包装的照片。能看出来他很不开心，对那些昂贵的礼物非常不满。

捏着鼻子看了 3 分钟以后，我确信自己不喜欢他。

我想他需要的是散发着金钱气息的房子，类似我和达米安一起看的那个项目。但那个项目还需要 6 个月才能完工，而我有种预感，这个网红男孩只想要现房。

我在 11：30 前赶到了他的酒店式公寓。一个穿着黑色运动服的男人出来接待我们，自我介绍他叫齐伊。显然，他是维戈的私人管家、办公室经理、公关总监兼杂役。齐伊让我先在走廊的椅子上坐一会儿。那把椅子造型奇怪，坐上去很不舒服。他告诉我维戈马上就会出来。

我隐约听到一些争吵声，其中一个声音很尖锐，盖过了其他声音。"这个死女人，我要把她拉黑……她根本没有那么多粉丝，肯定都是买的……这帮傻×。我要上真人秀，齐伊，我要是能上《名人老大哥》[1]就太棒了，我经纪人怎么说的？对我来说这才是最好的宣传。"

---

[1]《名人老大哥》(Celebrity Big Brother) 是基于红遍全球的荷兰真人秀《老大哥》打造的一档名人版节目，在英国特别流行。《老大哥》开启了跨时代的文化现象——电视真人秀。2015 年，优酷土豆将其引进国内，更名为《室友一起宅》。

我推断，这个人可能就是维戈。

在等待的时候，我开始琢磨福蒂斯丘的房子，脑子里过了一遍所有潜在买家的名单。我不确定是否已经给每个人都打过电话了——打电话总比群发邮件好。我又想起萨拉给我推荐的冥想播客。对她来说有奇效，但我还没找到感觉，可能是因为听的时候我没有戴上耳机。现在我急需让自己的心平静下来，于是打开了播客。

很遗憾，我只冥想了5分钟左右，还没等我彻底放空，工作上的事就蜂拥而至，在我的脑子里不停盘旋。

40分钟后（真希望我记得母亲的忠告——出门时要随身带本书），我已经盘点了一遍关于福蒂斯丘和奇斯霍尔姆斯的房子的所有待办事项，还有我需要联系的人。我感觉一股怒气升起，很想立刻离开（现在已经远远超过了我的20分钟等待极限），就在这时，卧室门打开了。

"这是维戈。"齐伊向我介绍道。维戈穿着红色的阿迪达斯运动裤和白色的V领上衣。他的手臂上文着文身，看起来是梵文。我很好奇他是否真的知道这些文字的意思，那是他根本不可能付诸实践的哲理名言。等了这么久，我的情绪已经变得很糟糕了，他的反光太阳镜也让我很不舒服。有两个男人一直在我面前举着手机，很快我意识到他们是在拍摄我们交谈的画面。没有人给我介绍一下他们是谁，也没有人问过我是否介意被拍摄。

"你好。"我起身想跟他握手,但又觉得没必要这样做,只微微欠了欠身。他身高大约 1 米 65,淡黄色的头发,脸上长满粉刺。有点像毁容版的贾斯汀·比伯,我猜他就是在刻意模仿贾斯汀·比伯。

"你认识娜塔莎?"

"是的。"我说,"我们一起工作。"

"她在这里吗?"

我想说,她看起来像在这里吗?"不在,她还有另一个会议。你认识爱德华勋爵吗?"我试探着问。

"我不认识。"他说,"这人是谁?"

"哦,没什么。说说房子的事吧,有什么具体的需求吗?"他转向齐伊。

"我们想录一个节目。"齐伊说。

维戈咳嗽了一声。

"更正一下,我们是马上要录一个节目,跟踪拍摄维戈生活的方方面面:他和朋友的交往、他的休闲活动以及他在伦敦找房子的过程。"

我本来想说"很有创意",但只回了一句:"我了解了。"

"现在这个公寓,偶尔住一晚是没问题的,但我们需要拍一些更能体现他的个性的素材。"

"真棒。"我尽力表现出兴奋。

"当然。所以,我们可能会请你做顾问,给我们展示一些顶级房产项目。你之前出过镜吗？"齐伊问道。

"很少。"我谦虚地说。

"那可能会有问题。"

"不过我做过相关的工作。"我才不会让自己那么快被否决，"大学毕业后，我在洛杉矶工作，进入过影视行业，有幸与一些非常有才华的人合作，包括大牌明星。"

无论如何都要打压一下他们的嚣张气焰。

"真的吗？"

"是的。"

"你和谁合作过？"维戈问。

"我不能随便透露名字。我只能说和几位奥斯卡奖得主一直保持着联系。"我充满诱惑性地补充了一句。

我们这份工作最讲究的就是说话技巧。

"那好。"齐伊说。

"我得提醒你们，之前很多电视公司找过我，要拍真人秀，但都遇到了同样的问题——这里不是美国。如果你们了解伦敦的顶级房地产市场，就知道伦敦人不希望有人来拍自己的房子。所以我们不会制作《日落家园》[1]那样的节目。"

此时我们还站在走廊里，谈话陷入尴尬——没有人提议到

---

1 《日落家园》（*Selling Sunset*）是 2019 年开播的一档美国的真人秀节目，讲述奥本海姆集团的精英房产经纪人是如何向洛杉矶的富裕买家出售高端豪宅的。

客厅坐下来谈。也许这个套房根本没有客厅,只有卧室,我的幽闭恐惧症好像要发作了。

"那你能解决这个问题吗?"齐伊问道。

"这取决于你们是真想买房子,还是只想拍素材。"我逐渐警觉起来,我感觉和他们谈生意似乎有点浪费时间。

"两者都想,"齐伊说,"像维戈这样的名人来看房子,对业主来说肯定是个很好的宣传机会。"

我心想,他们真是太自以为是了。我后退了几步,尽量和他们保持一些距离。"问题是,很多人重视隐私,不想出现在屏幕上。"我知道我要失去这个客户了,"我们可以找一些新开盘的项目进行拍摄。"

"嗯,这样可能会行得通。"齐伊转向维戈,后者的太阳镜始终没有摘下来。

"可以,"维戈说,"但必须是真正高端的项目,带游泳池、水疗中心……各种配套应有尽有。"

"好的。我能再多了解一些你们的需求吗?"我说。

"刚才不是说过了嘛。"维戈有些不耐烦地说。两个举着手机的家伙对视了一下。他们真的觉得这样的素材有意思吗?

"是,但我还想再多了解一些,这样能更精准地帮你们找到房子。比如你们喜欢哪个地段,预算是多少,想要哪种类型的房子……"

维戈没有回答。经过一段漫长的沉默,气氛有些尴尬。齐伊开口说道:"我们想要一套顶层公寓,要有礼宾服务和停车场。地段要在市中心。"他看了看维戈,"当然也可以灵活一点,维戈很喜欢梅费尔的餐厅。房子面积要大,能容纳几十个人开派对,有带衣帽间的主卧套房,也许还需要一两间客房,供朋友来访时住。"

"好的,"沉默了一会儿,我说,"我心里有数了。那预算呢?"

"多少都可以。"维戈说。

"我有一个客户预算是70万,另一个客户预算是一个亿,所以最好给我一个大致的参考范围。"

"嗯,大概在这两者之间吧。"齐伊说。

好吧。

"我们做两手准备,怎么样?能让我们带着摄像机拍摄的地产项目有限,所以我建议把价格上限放开,锁定超豪华的顶级地产——配备私人电影院、室内游泳池、智能车库,配套设施一应俱全。我们同时也找找另一类房子,就是你真正需要购买的房子,这种房子不能带摄像机进入,也正好保护了你的隐私。"

"好主意,不过我并不是很在乎隐私。"维戈说。这倒是大实话。他一边说话一边挠着大腿,黑色太阳镜还是没有摘下来。

两个举着手机的人还在卖力地录着这场无聊的谈话,真不知道这样做有什么意义。

"那好，我会让娜塔莎把合约带来。"我向大门走去，我已经在门口待了一个多小时了。

"合约里会有什么？"齐伊问。

"简单概述我们的工作方式和流程，并且确定我们帮你们找到房源、成功签约、办理房产过户后，我们的佣金提成比例是多少。你们付了定金之后，我们就开始工作。"

"还要交定金？你知道我们的影响力有多大吗？这对你们来说是免费的媒体曝光机会。"

"定金是2500英镑。"我本来想说也有可能是负面曝光，但还是忍住了，"我们会要求所有客户支付一笔小额定金，从成交后收取的佣金里扣除。这是表达诚意的方式。我们需要付出大量时间和成本，这点定金其实是微不足道的。"

对方沉默了。

"好吧，我们会仔细研究一下合约。期待与你合作。"

"我也很期待。"我假惺惺地说。

我已经决定把这个客户转给达米安跟进。

March

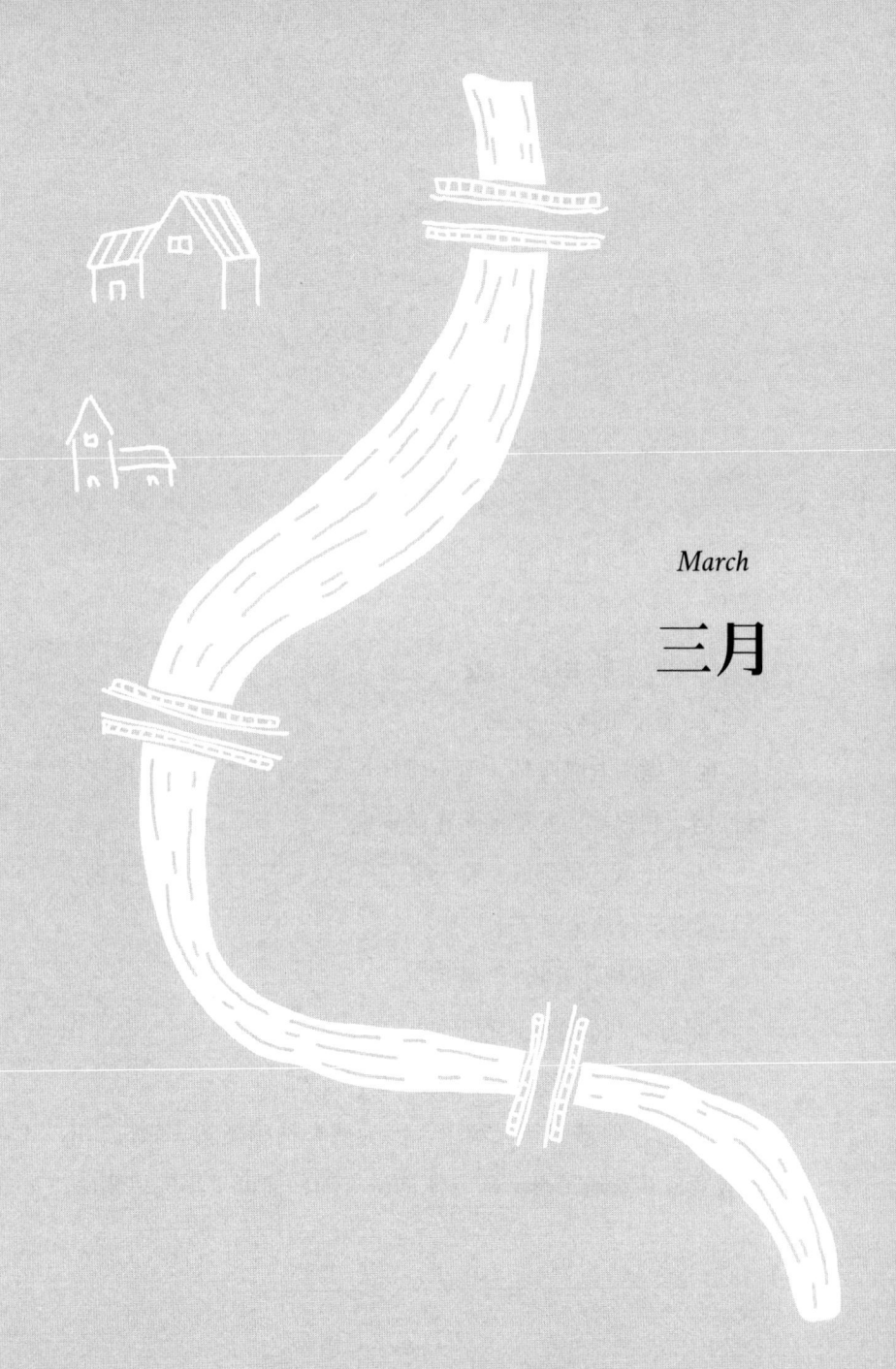

三月

2022年3月2日

约翰哼着歌走进办公室。

"心情不错嘛。"我说。

他手里端着咖啡杯,弯下腰抚摸爱德华勋爵——娜塔莎说得没错,它很乖,安静地趴在篮子里。

"是的,我心情很好。春天来了,万物复苏,我也充满干劲。"

娜塔莎冷冷地看了他一眼。

"弗拉维娅还好吗?"我问。

"很好,我们在一起很开心。"

"冒昧问一句,她丈夫现在怎么样了?"

"哈哈,他被困在巴黎了,因为他害怕感染新冠病毒,不敢乘坐公共交通工具。别看他富得流油,他可是小气得要命,舍不得坐私人飞机。"

"呃……"

正说话间,一个熟悉的名字出现在我的手机屏幕上,让我既害怕又有点期待,也许新的机会要来了。快来吧。

是亿万富翁。

这么多年来,他从没有换过经纪人,我们一直保持着稳定的合作。

我深吸了一口气,冲娜塔莎和约翰摆摆手,示意他们安静下来,然后用积极昂扬的语调说:"您好啊,最近一切都好吗?"

"我在摄政公园的房子……"

"那套房子真不错,我还记得当初您买下它的情形呢。"

"如果价钱合适,我打算卖掉它。"

"啊?为什么呀?我很喜欢那个房子,您应该留着呀,为什么要卖掉?"

我使用了一下反向心理学[1]的技巧。

"我讨厌伦敦。迪拜更宜居一些。"

"好吧,您想好了就行。我只是觉得有点——"

我话还没说完就被他打断了。

"你能推荐一家经纪公司吗?"

---

[1] 反向心理学(reverse psychology)是心理治疗理论的一种,通过鼓动而不是攻击疾病症状以达到治疗目的,即利用对方的逆反心理,迂回地达到目的。

我沉默了一会儿。

"那个区域有很多大牌经纪公司,像莱坊、第一太平戴维斯、拉塞尔·辛普森[1]。"

他每次都要这样和我兜圈子,就好像我干的不是房产经纪一样。

"你认为哪家好?"

"他们都不错,我可以为您介绍。当然,我们也很愿意代理。"

"说实话,去年卖出去的那套公寓有可能卖更高的价格吗?"他指的是去年年底那笔 2200 万英镑的交易,正是那笔交易保住了我们的饭碗。

"我对您一向是实打实的。那套公寓卖得很合适,可以说卖出了创纪录的高价。我对成交价非常满意。"

"你对佣金也很满意吧。"

"是,都很满意。"

"这套房子我不一定会卖,先帮我拿到一个好的报价吧,我考虑考虑。"

我知道,他厌恶伦敦的原因是不满意英国的纳税制度,而且最近的改革大大减弱了非本地居民税收的优惠力度[2]。惩罚性

---

1 拉塞尔·辛普森(Russell Simpson)是专业出售和出租伦敦市中心高端房产的中介公司。
2 在英国,如果是"非本地居民",并且拥有海外永久居所,就不必为其海外收入缴纳英国税。

的税收、政治不确定性和更严格的移民规定，导致现在很多超级富豪离开英国，把钱转移到其他地方。迪拜、摩纳哥、巴哈马和瑞士成了他们的新居住地。

我曾经代表亿万富翁签过几个大单，可以说是他帮助我在这个行业立足。我们是通过他的私人教练认识的，这几年一直相处得不错。他直言不讳，我心直口快。我并不畏惧他，还总能开开他的玩笑。

和亿万富翁合作的这些年，我总共帮他成交了九套房子。他在伦敦的时候，我们会一起散步，偶尔去他的办公室喝杯咖啡。令人郁闷的是，他不用邮箱，也不回消息，我们只能通过电话联系。只要他找我，我基本上都能随叫随到。有一次他约我去湖区徒步，我立刻说"没问题，我就在附近"，但其实我需要乘火车和出租车才能到达"附近"。如果以后他去了迪拜，我可就不能随叫随到了，迪拜对我来说太遥远了。

亿万富翁身材矮小，人很精干，头发修剪得像僧侣一样，面部线条棱角分明，显示出他鹰一般凌厉的性格。他能敏锐地捕捉一切信息，说话简洁利落，惜字如金，气场强大，总能让对方自乱阵脚，败下阵来。他已经70多岁了，但充满活力，精力充沛，一点都不像他这个年纪的人。你很难猜透他的心思，除了做交易，似乎没有其他事情能让他感到快乐。

不过，正如我之前所说，我相信总有办法可以"走进"一个人的心，只是需要时间。我总是问自己，客户的驱动力是什么：是什么让他们感到快乐？他们对什么感兴趣？

那亿万富翁的驱动力是什么呢？我唯一知道的就是，他想要战胜所有竞争对手。

他们这个财富阶层的人有一种普遍的心态，就是总觉得别人都在算计他们，因此他们一定要先发制人。亿万富翁很善于制造这样的氛围，让所有为他服务的人相互对立，彼此提防、揭发、举报，就像斯塔西的探员一样。

和昆汀面谈几次之后，我逐步认清了一个事实：亿万富翁是亿万富翁，我是我。我无法改变他的行为，但我可以改变自己。我可以设置界限，调整预期。我可以控制自己说什么、怎么说以及对谁说。我可以保持诚信，可以决定自己的行为以及待人方式。

我现在和亿万富翁相处的原则就是"你做你自己，我做我自己"。在昆汀的启发下，我突然有所顿悟：只有其他人都输了，亿万富翁才算赢。

我希望亿万富翁幸福，但我总有种直觉：他一点都不幸福。他和他的两个儿子、前妻关系都很疏远，而且几乎不和他的女儿来往。我曾经建议他成立一个慈善基金会，他听后一脸难以置信的表情。他只知道守护自己的财产，从来没有想过要给予和分享。

不管怎样，我们即将开启一段新的合作之旅，我跟他约好时间去看一看摄政公园的房子。

2022 年 3 月 8 日

今天是第二次带客户去福蒂斯丘家看房,说实话,我已经不敢再抱什么希望。

这次的客户是达米安带来的。他们来过一次,这是第二次从乡下过来,应该是有购买意向,特别是他们住在约克郡,路途遥远,这和从亨利小镇沿着 M40 高速公路开车过来可不一样。显然,他们非常喜欢这个房子,而我只保持谨慎乐观。达米安说他们是最合适的买家,有品位,有眼光,又了解市场。

娜塔莎一直在尽力安抚福蒂斯丘,因为我们还没有收到报价,他有些焦虑。这种感觉就像初次参加舞会的新手,忐忑不安地坐在黑暗的角落里,不知是否能有人走过来邀请跳舞。

我没敢告诉他,奇斯霍尔姆斯的房子也是很长时间没有卖掉……

2022 年 3 月 14 日

周一的"董事会",我说:"我要去看看亿万富翁的房子,做个估价,达米安,你能陪我去吗?"

"没问题。"达米安爽快地回答。

达米安真好,永远都是那么积极乐观。

我们都很清楚,和亿万富翁打交道可不容易,可能会遇到一系列的麻烦事。

"福蒂斯丘的房子情况怎么样?"我问。

"我确定客户会报价。"他说,"他们已经找了建筑师、设计师和承包商,正在做尽职调查[1]。我把所有情况都跟他们讲清楚了。加上印花税和其他相关费用,房子翻新之后价值1500万,我这么算对吗?"

"差不多。"我说,"你可以这么说。"

"好,我跟他们说。"

娜塔莎一直没说话,真奇怪,这可是她叔公的房子。

"听起来情况都很乐观。"我总结道,"其他项目有进展吗?"

"我为弗拉维娅找到了一套公寓。"约翰宣布,"但不是特别符合她的要求——不在顶层,但采光很好,还带一个露台。电梯很小,这点她不满意。我告诉她至少还有一部电梯,已经很不错了。"

"太棒了!还有一个好消息,我帮萨拉置换了新房,换到了女王公园。"我补充道。大家爆发出一阵欢呼声。"还有,奥斯卡奖得主很快就要休息一段时间了,不再住南肯辛顿的公寓,我得为她找新的房子。"

那天晚些时候,办公室里只剩下我和约翰。

我抓住机会问他:"你知道达米安和娜塔莎之间发生了什

---

[1] 指为投资决策而做出的一系列事前调查。

么事吗?我感觉有点不对劲。"

"他们在谈恋爱。"

"这个我知道,但好像有点变化——而且不是好的变化。"

约翰神秘兮兮地靠近我,轻声说:"娜塔莎的前男友皮尔斯回英国了,要和她复合。那可是个豪门贵公子,南安普敦的一半都是他家的。"

"难怪。那达米安还好吗?"

"放心吧,澳大利亚人很有韧性。"约翰笃定地说。

2022 年 3 月 15 日

达米安和我一起去看亿万富翁的房子。这是一座白色的灰泥建筑,有一个漂亮的大露台,一直延伸到摄政公园的外墙。站在露台上,公园景色尽收眼底。房子的配套设施应有尽有:私人电影院、健身房、地下游泳池、能停四辆车的车库。有点可惜的是,这个房子是亿万富翁的儿子装修设计的,他有点重口味,喜欢的颜色不是深灰色就是黑色,房间里到处都是链条形的金属吊灯,让人有种置身于德古拉[1]的巢穴或色情场所的感觉。本来房子的采光非常好,装修之后却显得昏暗而压抑,灯

---

[1] 出自布拉姆·斯托克于 1897 年创作的哥特式恐怖小说《吸血鬼德古拉》和短篇故事《德古拉的客人》。

光被调成了红灯区的红色,所有的百叶窗和窗帘都拉了下来,完全遮住了日光。

"这里太暗了。"

我们拉开了百叶窗。有阳光照射进来,感觉好了很多。

我对达米安说:"我们最好别坐电梯,我担心会困在里面,半年后才被人发现。我们还是走楼梯吧。"

显然,这栋房子有好几年没人住了。

"有点瘆得慌,好像有人要在这里搞降神会[1]一样。"达米安拿出手机,打开了手电筒。

我们走下楼梯,来到地下室,推开玻璃门,拱形天花板下有一个巨大的泳池。

达米安用手电筒照向天花板。

健身房和泳池都残破不堪,有种没落王朝的感觉。可能最初装修得很豪华,但常年无人打理,现在已经无法使用。

我走到一楼的客厅,在丑陋的黑色皮革沙发上重重地坐下来,尽量不去看墙上挂着的那些令人作呕的艺术品。我突然感到有些胸闷,于是让达米安去关上所有的窗户,关掉所有的灯。等他回来的时候,我身上的冷汗散去了,呼吸也恢复了正常。

我们的大脑对身体有保护作用,通过神经调节可以有效地

---

[1] 降神会(séance)一词来源于古法文中的"坐"(seoir),指的是一群人围坐在一起尝试和鬼魂沟通。

做出身体反应。在我心脏病发作之前，我从来没有关注过自己的身体，从不注意自己哪里痛，哪里不对劲，什么时候呼吸急促，而现在，我对身体出现的任何异常都超级敏感。

"你觉得这个房子怎么样？"我问达米安。

我们已经来到了大街上，重见阳光的感觉真好。

"就像你经常说的，基础还不错。"

"嗯，是。"

"亿万富翁还会像以前一样要卖个高价吗？"

"当然。这个房子是我帮他找的。他买的时候房子可不是这样的，他儿子那可怕的品位，把这房子彻底毁了。而且这么多年没人住，显得特别破败。"

"是啊。"达米安好像有点心不在焉。

"你上次提到的那个住院的老人怎么样了？"

"谢谢你的关心。他已经出院了，状态挺好。"

"你现在怎么样？"我问。

"我也挺好的。"

我决定不再追问娜塔莎和他之间发生了什么，那是他们的事情。

2022 年 3 月 16 日

凯特打来电话，告诉我她回伦敦的日期。

她在洛杉矶待了20年，如今终于接受了自己的明星生涯已成过去的事实。她年轻时心态很乐观，现在依然如此。她知道自己不可能再重整旗鼓，40多岁对女演员来说是开始走下坡路的年龄，所以，她决定回家。

"真开心你要回来了。"

"我觉得伦敦才是家。我需要找房子，你能帮我吗？"

"当然可以，那戴夫呢？"我问。她曾经和戴夫约会过，不过总感觉没有那么投入。

"因为疫情，我们分手了。"她说，"有一天早上，我起床后在游泳池旁边吃早餐，向远方眺望这座城市。那是洛杉矶难得的晴朗天气，甚至可以看到闪烁着阳光的太平洋。我突然间想到一个问题：我待在这里是因为风景还是因为这个男人？"

"那里的风景的确很棒。"我说。

"我会想念洛杉矶的。我们下个月伦敦见吧。"

2022年3月21日

它终于来了！

经过无数次的头脑风暴，我们把能想到的所有合适的经纪人、开发商和买家都约来看房子，甚至在办公室里设了一个神龛，每天祷告。终于，它来了——福蒂斯丘房子的报价来了。

报价来自达米安的客户，他们收到建筑师和设计师的报告之后就迅速出手了。达米安说既有好消息,也有坏消息。

我对好消息坏消息不感兴趣,只想快点知道结果。

"别卖关子了,报价多少?"

"建筑师说翻新工程需要3年,费用接近400万。"

"这太离谱了。"娜塔莎说。

我不太确定她是否了解具体情况,这个数字在我看来是符合实际的。

"他们得到的反馈就是这样。"达米安说。

"好吧,那最终报价呢?快说吧!"约翰和我一样,迫不及待地想听到那个数字。

"850万。"

娜塔莎哈哈大笑起来。

"情况没有我想的那么糟,"我坦率地说,"还有谈判空间吗?"

"我觉得有,如果能谈到900万就相当幸运了。"

"我能接受900万。"

"你接受没有用,麦克斯,得福蒂斯丘叔公能接受。"娜塔莎提醒我。

这是事实。但这个出价不算太糟——这也是事实。有了这样一个具体的报价,我们就可以用它来刺激其他潜在的购买者。人们买房子时容易有从众心理,也就是羊群效应:如果有一只领头羊做出了决策,那么整个羊群就会模仿这只领头羊的一举一动，领头羊到哪里去吃草，其他的羊也跟着去哪里。如果有人对某个房产项目感兴趣并给出报价，其他买家会自然而然地觉得这个项目是有价值的。我们联系过的几个买家已经表示了兴趣，现在是时候采取行动了，得让他们知道，他们随时可能失去这个房子。

在心理学中，这叫损失厌恶[1]。

我们和客户沟通的方式各有不同。约翰会用诗意的语言给客户描画美好的蓝图，告诉他们在这个房子中生活会有怎样的感受，和他们一起设想开派对、庆祝周年纪念日、周末聚餐的场景。达米安则采取更直接的方式，站在客户的角度，给客户讲房子的价值，潜台词是"我都是为你好，不希望你后悔"。娜塔莎显得高冷一些，她总是言简意赅，传达给人的感觉就是，"买不买随便你，你要是太蠢错过这次机会，那可是你的损失"。而我比较实事求是，我会坐下来与客户一起分析利弊，探讨实际可行的方案，最后达成一致意见。

我们都认为现在可以分头行动，发挥各自优势跟客户去沟通了，充分利用已经拿到的 850 万报价，吸引其他人来竞价，同时推动达米安的客户提高报价。

---

[1] 损失厌恶是一种心理现象，指的是人们对于损失的敏感程度远大于同等数额收益的敏感程度。这种心理机制在赌博和投资等决策过程中发挥着重要作用。

2022 年 3 月 22 日

今天只有我和娜塔莎在办公室，达米安和约翰分别打电话联系了客户再次去福蒂斯丘家看房子。因为今天下雨，福蒂斯丘认为不适合外出散步，所以他会待在书房里，好好观察一下那些来参观的买家。

我给福蒂斯丘打了个电话，在冗长的铺垫之后，我说出了报价，只得到一个简短的回复——"不行"，然后电话就被挂断了。

为什么我就不能像福蒂斯丘那么干脆？

按照流程，接下来我以书面形式提交了报价，寄到他家。

达米安已经反馈给他的客户，报价必须以 9 开头，不然就没得谈，客户说要再算一算成本。

萨拉打来电话说搬家这事让她有点焦虑。我安慰她要相信自己，一切都会好起来的，我知道这是她需要听到的。遇到这种情况，人们最需要的就是有个值得信任的人告诉你，你的选择是正确的。

"萨拉怎么样？"挂掉电话后，娜塔莎问道。

"她现在有点犹豫要不要搬家。"

"哦，现在后悔晚了吧！"

我瞪大眼睛看着娜塔莎。

"难道不是吗？"

"她可以和斯宾塞打官司争这个房子，但我觉得她搬到新的地方生活会更好，可以摆脱过去的回忆，重新开始。"

"她后悔离婚了吗？"

"如果一件事你无法控制，那就谈不上后悔。这件事的主动权掌握在斯宾塞手里。"

2022 年 3 月 25 日

正如我想的那样，萨拉的状态挺好。我去了她的新房子那里，跟她讨论家具应该如何摆放，哪些家具得从兰斯顿路搬过来。事实证明，她只需要一个可靠的人告诉她，这次搬家对她和孩子们来说是正确的决定。

乔治·艾略特有句名言："做回自己永远不会太晚。"(It is never too late to be who you might have been.) 这也是我经常对自己说的话。

如果做得好的话，我们也能像心理治疗师那样，既帮助别人做出正确的决定，又不随意评判他人，指手画脚。我很欣慰自己做到了这一点。

我以前特别爱给人提建议。曾经有个朋友对我说，"麦克斯，谢谢你，但我不需要你那些不请自来的建议。"所以后来在和客户打交道时，我会尽力克制住这种冲动，只有当客户问我的意见，或者当我认为他们做出了错误的决定时，我才会委婉地给出一点建议。

我很少鼓动客户购买某个房子,反而经常劝客户先不要买,再好好想想。记得有一次,有个客户带着她的心理治疗师一起来看房子,我当时有点不高兴,觉得她不信任我这个房产心理师。还好我和她的心理治疗师看法一致,我们都认为那个房子非常适合她。

2022 年 3 月 28 日

我把网红男孩转交给了达米安对接,他更年轻也更有包容度。到了我这个年纪,已经不想再去侍候小屁孩儿,对着一个比我小 20 岁的人点头哈腰,为他四处奔波,还要被他利用,当他的拍摄素材。我只想和我喜欢的(至少是尊重我的)人合作。我很幸运,客户名单中有获得布克奖的小说家、奥斯卡奖提名者和获奖者、知名音乐家、王室成员、财政部部长、上市公司的董事会成员、成功的企业家、商业巨头、出版人,还有一位公爵、一位公爵夫人、一位侯爵、两位伯爵夫人。

达米安中午回到办公室,给我们讲了他和网红男孩见面的情况。正如我预想的那样,整个过程都有摄制组跟拍,再加上网红男孩自己的拍摄团队和那两个一直举着手机录像的家伙。

齐伊非常卖力地四处推销,但没有任何频道感兴趣。他们觉得维戈的粉丝太少,只有 22 000 个(对我来说挺多的了),

而且实际参与度很低。摄制组的工作人员似乎更喜欢性格阳光的达米安,而网红男孩太咄咄逼人,态度又粗鲁傲慢,一会儿抱怨室内温泉的水温不合适,一会儿又嫌弃按摩套房达不到迪拜的标准。

维戈似乎只活在自己的小世界里,和这个时代有点脱节。一个被宠坏的孩子,对社会毫无贡献,只因为温泉水不够热就厉声训斥达米安——真的会有人想看这样的画面吗?

齐伊无意间听到摄制组的工作人员建议达米安联系他认识的一位制片人,立刻紧张起来。这位制片人想要制作一档真人秀节目,类似于《日落家园》的英伦版。《日落家园》是在网飞(Netflix)播出的真人秀系列,拍摄洛杉矶精英房产经纪人的生活。他们个个衣着华丽,看起来就像要去参加奥斯卡颁奖典礼。如果把那些钩心斗角的桥段拍成日间肥皂剧,收视率绝对第一。齐伊拼命试图说服摄制组,维戈这里有绝佳的素材:"人们喜欢窥探富豪和名流的世界,请维戈出镜再合适不过了。"

"你觉得他真的会买房子吗?"我问。

"谁知道呢?我会再给他一次机会。但我说了,下次绝不能再有摄制组跟拍。"

"我猜他会很高兴,"约翰说,"他可不希望摄制组看上你。"

April

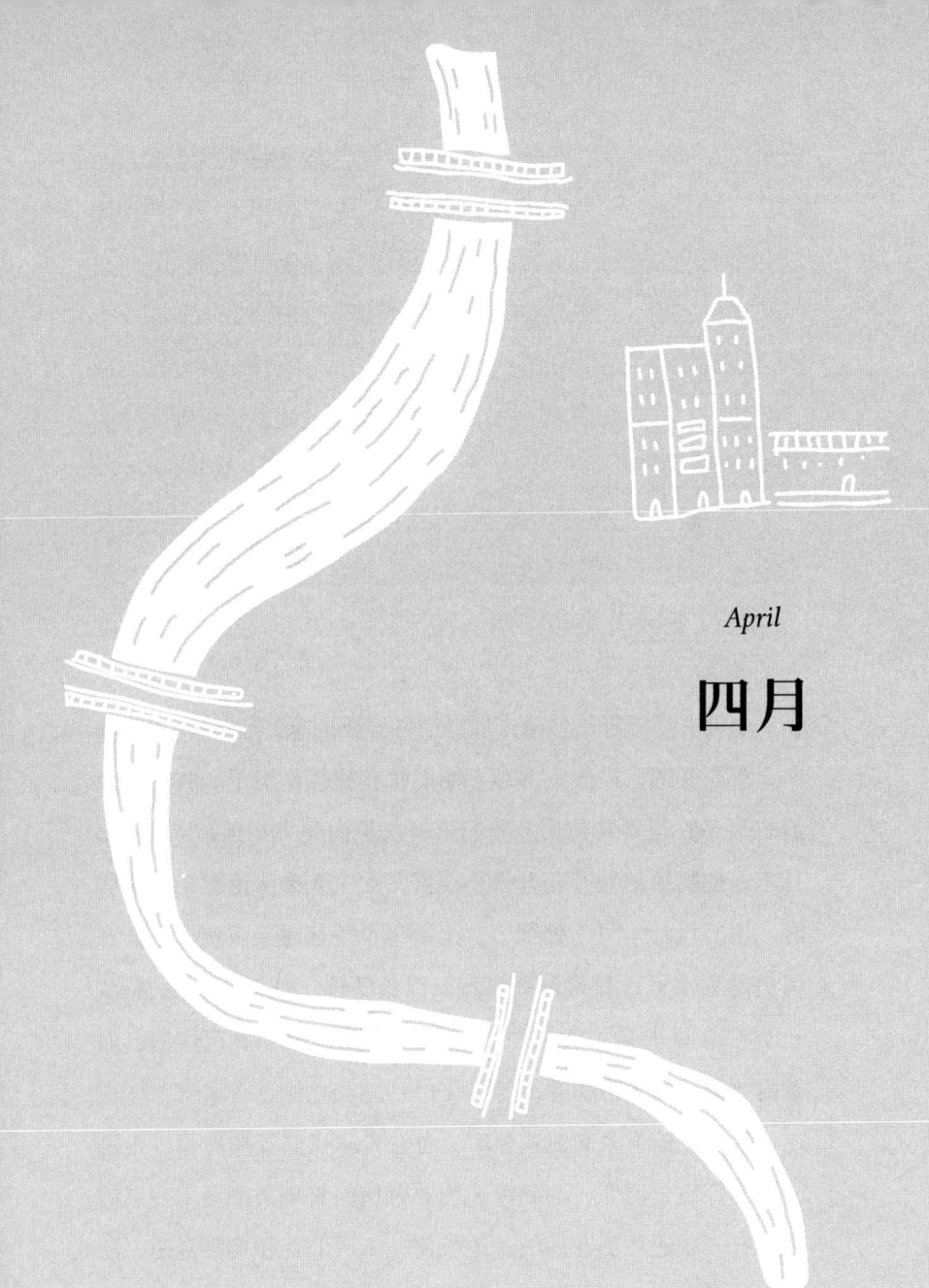

四月

2022年4月1日

今天去拜访舒伦伯格夫妇在南肯辛顿的家。

新冠疫情已经成为常态，他们打算置换新房子。我喜欢他们的房子，也喜欢他们。我们第一次见面是7年前，当时是5月末，他们家的紫藤花开得正茂盛。女主人弗洛伦丝布置家居时，用心设计了每一处细节。她用半个番茄罐头做花瓶，摆在厨房的餐桌上，显得清新自然、优雅随性。就像我的老朋友，一个古董商兼美学家说的："这种创意绝不是偶然产生的，而是需要数年的生活积淀。"

这是一栋维多利亚式住宅，有着对称式的经典户型，走进去仿佛穿越了时空，回到维多利亚时代的繁华与浪漫。一层的厨房有一扇通往后花园的落地长窗，二层的客厅典雅舒适，淡紫色的紫藤从窗外爬进来，在书桌上争奇夺艳，若有若无的香气沁人心脾。

弗洛伦丝是美国人，嫁给了德裔希腊人阿莱科，生了四个孩子。他们已经在伦敦生活了40年。阿莱科曾是一名银行家，50岁时决定转行，他放弃了沃顿商学院的学位，开始学习哲学和神学，然后着手创办了一家教育慈善机构。

我还记得他们第一次带我参观房子的情景，和在福蒂斯丘家第一次看房的感受截然不同。看完房子以后，我们一起坐在花园里聊天，一边喝着意大利的加维葡萄酒一边畅谈人生。大家聊得太投入，差点都忘了卖房子的事。

那是我们合作旅程的开始，一段愉快而漫长的旅程。

美好的人，美好的房子，一切都是那么美好。

我带他们从汉普斯特德乔治亚风格的联排别墅走到巴特西区域[1]的河畔公寓，又从贝尔赛斯公园的艺术家工作室走到里士满公园[2]的现代主义居所。我最喜欢的是位于奇斯威克[3]的安妮女王风格的住宅，有漂亮的凸窗，望出去就是巴恩斯桥和一直

---

1 巴特西区域（Battersea）备受年轻家庭青睐，也受到很多上班族的喜欢。英国媒体曾将巴特西区域列为最令人快乐的十大地区之一，可见在这里生活的人们的幸福指数很高。
2 里士满公园是伦敦最大的皇家园林。
3 奇斯威克（Chiswick）位于伦敦西南部的泰晤士河畔，这里宁静、富裕，有各式各样的古建筑，宽广的绿地绵延，让人有置身于英国乡村的错觉。这里还有众多优质的学校，深受英国本地中产家庭的欢迎。

延伸到泰晤士河的花园。

看了这么多房子，但还没有一栋房子能打动他们，让他们决定搬家。我完全能够理解。在整个看房的过程中，我们都很开心。

"你们还要再看其他房子吗？"分别的时候，我说，"我真的很喜欢你们的房子。"我确实是这么想的。

"还会再看的，"弗洛伦丝说，"不过，你要答应我们，找到新房子后，我们还是朋友。"

"当然，我们是一辈子的朋友。"

告别了他们，我心情愉快地回到办公室。

每次和他们见面我都很开心。弗吉尼亚·伍尔夫说："有些人是散热器，有些人是排水口。"舒伦伯格夫妇肯定属于前者。我想起了我们开业十周年的庆祝酒会。我邀请了许多客户（毫不谦虚地说，来宾人数相当可观），酒会进行到一半的时候，我讲了几句话，表达对我的团队、对客户的感谢，感谢客户的信任和支持。一位深受大家喜爱的国际电视名人站出来说："我觉得麦克斯不仅能帮我们找到理想的房子，而且还能成为我们一生的朋友。"

我听得很感动，可我环顾房间，发现大家都陷入尴尬的沉默。我猜他们心里一定在想：我们能赏光来参加酒会，已经算给他面子了，他居然还想跟我们成为一生的朋友，真是太好笑了。

想着当时的情景，我不由得笑出声来。

2022 年 4 月 5 日

好消息！达米安的客户将福蒂斯丘房子的报价提高到了 900 万英镑。我准备和娜塔莎一起去找福蒂斯丘，当面跟他反馈报价情况。

通常，在房屋销售的过程中，会有一个关键节点，即报价情况达到了预期。现在就是关键节点：达米安的客户报价 900 万，还有一个开发商报价 800 万（不是简，他坚持不高于 700 万），我联系的第三方买家应该也很有希望报价，但还没有最后确认。

收到这么多报价，现在我们需要做的就是尽快确定下来。没有人知道什么时候收手最合适，人们只会后悔没早点接受报价，总以为后面还有更高的，还可以得到更多。这是一种心理博弈，如何选择取决于卖家的性格。我希望福蒂斯丘已经厌倦了和娜塔莎、爱德华勋爵一起散步（换个角度想，他迟迟不肯接受报价，也许就是因为这样侄孙女就能经常来陪他了）。

娜塔莎和我复盘了一下近三个月的进展，我说了我的看法。

"我觉得可以截止报价了。因为我们面临一个风险，房子刚上市时很新鲜抢手，时间一长人们就没兴趣了。趁现在客户最积极踊跃的时候，我们需要尽快组织最后一轮竞价，拿到最高报价。"

"我也不想再拖下去了。"她直截了当地说。

"嗯，你得指点我一下。你了解你的叔公，会为他的利益着想，你说我们该怎么做才能说服他截止报价呢？"

"嗯，"她思考着，"你可能会反对我的建议。"

"什么建议？"

我们从埃尔登路转到福蒂斯丘家的街道。

"告诉他实情。"

我笑了。真是当局者迷啊，说服别人的最好策略不就是"用事实说话"吗？

福蒂斯丘打开门，像往常一样懒洋洋地打了个招呼，语气中夹杂着一些不耐烦："哦，是你们啊！"

我想象不出还会有其他访客过来。他把我们带到书房，我注意到他已经开始习惯拉开百叶窗了，偶尔还会将窗户敞开一条缝。看来，我们对他还是产生了一些积极的影响。

"很高兴见到您，先生。"我说。

他还是穿着平时那件破旧的开衫。我们来过几次之后，难闻的气味减轻了很多。我闻到了一股微弱的圣塔玛利亚诺维拉香水的味道，一定是约翰留在楼上的，还好福蒂斯丘从不去那里。

"我们觉得当面跟您讲一下会更好，大家共同讨论，确定一个您最满意的方案。"

"好啊。"他往下拉了拉羊毛衫的袖子,深陷的眼窝看起来有些悲伤。我在想他平时是怎样生活的,这个房子里有些什么回忆,上演过多少悲欢离合的戏码。

我介绍了三个买家的情况,前两个已经确定购买意向,第三个还没有确定。

"买家最感兴趣的阶段已经结束了,所以现在是时候进入最后阶段了,您大概也受不了一直有人来看房子。"

他微微点了点头,也许是表示同意,也许只是无意识的动作。"那,有人出价到1000万吗?"

"没有,恐怕不会有的。这个价格有点不切实际,我们在市场上测试过,现在收到的这几个报价已经相当不错了。"

"你确定?"他透过镜片看着我,一脸怀疑的表情。

"确定。"我看向娜塔莎,我说话时她一直保持沉默。

"那现在最高的报价是多少?"他看着壁炉上方的一幅肖像画,画面已经很难辨认,需要修复。从那个维多利亚时代男子严肃的表情来看,我猜是他的祖先。

"900万……我们可以试着让买家再次提价,他们之前已经提高了50万。"

"他们是谁?"

"来自约克郡的一对夫妇。他们经营着一家养老院,家庭背景没有问题。算上他们一共三个买家,您同意我们现在组织竞价吗?"

通常情况下，如果有多个买家对一套房子感兴趣，我们会组织竞价，让每个买家提出最终的最高报价，另外还要附上律师的详细资料、资金证明以及所有对他们有利的资料。

"你们处理吧。不过我不保证会接受报价。"

"我了解。"我说。

我确实了解：他是一个脾气暴躁的老家伙。

回办公室的路上，我对娜塔莎说："你怎么也没帮着说几句？"

"没什么可说的，你已经把情况都告诉他了，我们会争取最好的报价，接不接受就由他来决定了。"

"可他确实需要搬家。我的意思是，他住在那个房子里不太安全。"我显得有些心急了，不应该这样。

"是，他应该搬家。但他最终搬不搬，取决于我们的报价以及他本人。"

2022 年 4 月 7 日

"这个房子有一种特殊的魅力。"弗拉维娅说。

"是的，有很大的改造空间。"我们说的是肯辛顿侧街的顶层公寓，原本是一座维多利亚式的宏伟建筑，但在 20 世纪 60 年代进行了改建，并安装了一部小型电梯。其中一位前业主在拱形天花板上加装了天窗，使房间更加通风透气，就像巴黎的阁楼一样。客厅非常大，书房外面是个大露台，主卧套房带浴室、衣帽间和化妆间。建筑的公共区域设施有些老旧，我建议弗拉维娅花钱翻新一下，这样也能让邻居们受益。

"邻居都是些什么人？"她问道，"我在罗马的时候遇到过一个特别恐怖的邻居，现在想起来都胆战心惊。"

"别想不愉快的事了。"约翰安慰她。

"我可以在这里种柠檬树，"她指了指露台，"或者种一棵橄榄树，打造我的意大利角。伦敦还是有出太阳的日子吧。"

"当然有的。"我向她保证，"约翰跟我说你很有品位。"我陪她走到露台上。虽然没有绿色植物，但从这里可以俯瞰屋顶花园，甚至可以看到维多利亚-艾伯特博物馆[1]的一角。她可以在露台上摆一张桌子，再支一把伞，每天坐在这里晒晒太阳，吹吹风，看看风景。

她指着书房的一个角落说："我要在这里放一张桌子，能坐六个人或者八个人的，大家一起吃意大利面。当然，正式招待客人不能在这里。"

"是，当然不能。"我附和着说。我想我招待客人的水准可能无法与弗拉维娅相提并论，对我来说，请大家一起吃意大利面已经是很正式的招待了。

---

1 维多利亚-艾伯特博物馆（Victoria and Albert Museum），创建于1852年，是世界上最大的装饰艺术和设计博物馆。该博物馆是为了纪念艾伯特亲王和维多利亚女王而命名。

"这个房子你估价多少？"她问。

"295万英镑，我觉得这个价位比较合理。"

"还可以。业主是什么人？"她突然打了个寒战，"是不是暖气出故障了？"

"业主是一对英国夫妇，在这里住了25年了。暖气肯定没问题，可能是他们关掉了。"

"嗯。"她敏锐地扫视四周。

"他们很少来伦敦，所以想把房子卖掉，给孩子留一些钱，也给自己存一笔养老金。"我已经从中介那里了解了业主的情况。

"这个价格他们能接受吗？"

"你有什么想法？"

"可以离岸支付吗？这样对大家都好，英国的税收政策太严格了，就像美国一样。"弗拉维娅笑着说。

"恐怕只能境内支付，这是我们这里的规矩。"

"这么死板。"弗拉维娅叹了口气，"我和约翰商量一下吧。"

他们手牵手沿着街道走远了，我也往家走去。我突然理解了为什么约翰会爱上她，因为她对世界充满好奇心，和她在一起一定很快乐。她和约翰一样，无论身处什么样的环境，都能发现生活中的闪光点。

2022 年 4 月 8 日

这周快结束了。我决定赌一把,给对福蒂斯丘的房子感兴趣的第三方买家发邮件,告诉他现在进入竞价阶段,需要在下周三之前提交最终报价。

设置截止日期可能会吓退一些人,因为有些人不喜欢给自己那么大压力,所以会选择放弃。可是现在除了发出最后通牒,我们也没有其他路可走。我点击了"发送"。至少,下周三之前,我都不用再想这件事了。

2022 年 4 月 11 日

今天要做的第一件事是帮奥斯卡奖得主看房子。

这套复式公寓在一栋白色灰泥建筑的一层和二层,有户外花园。这样的房子不多,所以令人印象深刻。一般来说,只有地下一层的房子才会带花园。公寓内每个房间都很大,并且保留了最初的装饰设计,天花板、壁炉和百叶窗都维持了原貌。我知道奥斯卡奖得主喜欢这种有年代感的东西。业主是著名设计师,室内采用带有波希米亚风情的泥土色调,橘子温室中种满郁郁葱葱的绿色植物。

我想,这就是我要找的房子。

穿过海德公园回办公室的路上,我给奥斯卡奖得主打了个电话，语气尽量保持平淡，不能让她觉得我过于积极地推荐这个房子。我跟她约好明天一早去看房子。她早上10点就要开始拍摄，经纪人本来不太想安排这个时间，可一听我说业主是谁，他立刻就答应了。看来，名气能解决一切问题。

我和达米安约了亿万富翁的设计师见面。我们的计划是美化一下房子，尽可能让它好卖一些。只是我们不知道从哪里下手，这里的一切都是那么的丑陋——低俗的小摆件、艺术品，还有黑色天鹅绒壁布。

说实话，我真想把所有地方都漆成白色，把家具全部搬走，让整栋房子空无一物。不过，家具是房子的灵魂，能让人更了解这个房子，即使是不合适的家具，也能营造空间感，装饰后的房间也会显得更大。

我们和设计师特丽沙共同讨论，想找出一个花钱最少又能达到最佳效果的方案。

我从纪录片《九月刊》[1]学到一点：你必须对自己的观点高度自信，才能迅速说服他人。女主编安娜·温图尔的领导风格是果断而且坚定。她一边浏览照片，一边说着"可以、不行、可以、可以、不行、不行、不行"，没有任何解释，也不接受

---

1 《九月刊》(The September Issue)由荣获艾美奖的导演R. J. 卡特尔执导，聚焦时尚界女王级人物安娜·温图尔，记录了这位任职《时尚》杂志长达20年的传奇女主编，以及围绕在她身边的时尚编辑团队，共同准备史上最具分量的2007年9月专刊由企划到付印的出版全过程。

反驳。要么一票否决,要么一锤定音。我决定也用这样的方式与特丽莎沟通。

"这个必须拿走,"我指着餐厅里那个特别难看的豹纹脚踏凳说,"还有这些色情艺术品,都要拿走。对大多数人来说这是一种冒犯。"我不知道这都是谁的作品,但感觉比亨伯特[1]最阴暗的想象还要低俗。

"这可是亿万富翁的儿子花了很多钱买的。"特丽莎提出抗议。

"嗯,他可以放在自己家里。我们现在要卖这个房子,留着这些艺术品只能给房子减分。"

我很喜欢这种安娜·温图尔附体的感觉。

"这里的东西——"我指着影音室,大手一挥说,"全部清走。"

"但是——"特丽莎又要反对。

"必须清走。"我情绪高涨,"我要换成清新的配色。从卧室搬几个沙发到这里来,上面铺一些盖毯。"

连我自己都感到吃惊,我怎么变得这么雷厉风行、斩钉截铁了?

做这些工作大概要花一个小时,如果我们想卖掉房子,就

---

[1] 亨伯特是弗拉基米尔·纳博科夫的小说《洛丽塔》中的男主人公,一个有恋童癖的中年男子。

必须下狠手。

2022 年 4 月 12 日

我约了奥斯卡奖得主见面，她总是提前 5 分钟到，所以我也像她一样提前到达。我们先站在外面聊了一会儿，聊她喜欢的波斯餐厅、寿司店、通往摄政公园的秘密自行车道、面朝圣约翰伍德[1]方向的咖啡店、历史悠久的 Panzer's deli 超市[2]。

中介迟到了几分钟，他带错了钥匙，所以不得不返回办公室去拿，然后气喘吁吁地跑回来，跑得汗流浃背，上气不接下气。可怜的家伙。我替他感到尴尬。带对钥匙应该是房产经纪人的基本职业操守。

我陪着奥斯卡奖得主一起进去看房子，让那位中介在走廊里缓口气。我们从一个房间走到另一个房间，她的脸上流露出满意的表情。我们走到花园时，她说："这就是我想要的。整体非常完美，只有一些局部细节需要改造一下。"

"很开心得到你的认同。昨天我第一眼看到这个房子时就

---

[1] 圣约翰伍德（St. John's Wood）位于伦敦西北部，威斯敏斯特市内，摄政公园西北侧，查令十字街西北 4 千米。这是一个非常富裕的社区，根据《福布斯》杂志的排名，2007 年的平均房价在伦敦排名第 5 位。
[2] 北伦敦最为知名的高级食品超市之一。从一开始淳朴的犹太传统食品到现在的苏格兰烟熏三文鱼贝果，都是伦敦最有名的网红美食，还有一个寿司吧每天供应新鲜手作寿司和手卷，颇受附近家庭欢迎。

是这么想的。"

不过，我们没有在中介面前表现出对房子的兴趣，跟他打了个招呼就离开了。

我和奥斯卡奖得主找了一家咖啡厅商议购买策略。这套公寓的业主出了名的难沟通，但我自信地说任何难题我们都能解决。从咖啡厅出来的时候，我的心情特别激动，因为又帮客户找到了满意的房子。对于经纪人来说，这大概是最有成就感的时刻了。

2022 年 4 月 13 日

福蒂斯丘房子的最终报价截止时间是今天中午，达米安在上午 11∶55 将我们最期待的报价发给了我。直到一锤定音前的最后一刻，那位开发商还是坚持 840 万的报价，而我联系的第三方买家还是和之前一样——说得很热闹，但就是不报价。

昆汀经常说，人们会通过行动而不是言语来告诉你他们是谁。第三方买家给了我一个又一个的承诺，说一定会发来报价，然后又为无法实现承诺找了一系列的借口：我正在处理一笔 4 亿英镑的交易……我正飞往瑞士……我的私人助理感染了新冠，正在隔离……我们还没有决定要用哪一位律师……通常你会相信第一个借口，甚至第二个借口，然后你就会开始怀疑这些都只是借口。

我们通常倾向于相信我们想相信的东西,但房地产行业教会了我,与客户打交道时一定要适当奉行犬儒主义[1]。

"最终报价来了!"我对娜塔莎和约翰说。

"怎么样?"娜塔莎急切地问道。

"哈!哈!哈!"我挥着拳头说,"9——3——5。"

"上帝呀!"约翰跳起来拥抱我,"我一直说要多备点香槟,就是为了现在这样的时刻。"

"但是福蒂斯丘会接受吗?"娜塔莎问。

"他必须接受,"我说,"这是最理想的报价了。"

"但没到1000万。"

"我知道,1000万是不可能的。走吧,我们一起去他家,跟他说报价的情况。"

"我先给他打个电话,我得带上爱德华勋爵,它会成为我们的吉祥物。"

10分钟后,我们来到了肯辛顿后街。这一路走走停停,因为爱德华勋爵路过每棵树都要闻一闻,每转一个弯都要小便。我有点心烦,打电话给达米安,告诉他我们正在路上。一会儿他也要加入我们,因为我想让他来重点强调一下买家的可信度,我们几个人采取合围战术,争取一举攻破。

---

[1] "犬儒主义"在西方带有贬义,指对人类真诚的不信任,对他人的痛苦无动于衷的态度和行为。

"有什么好消息吗?"福蒂斯丘开门时问道。

我意识到他可能很希望我们定期来拜访。疫情期间,他一定感到非常孤独,我们的到来能让他这里热闹一些。

他很快就能有一笔巨款进账,而且是税后的(出售主要住所[1]不需要缴纳资本所得税)。之前的一切混乱都将结束,他的生活又会恢复到平常的状态。我不确定他是否喜欢这种平常状态,这样的生活对他来说有多少乐趣。接下来他还要面对他一直不愿提及的现实。听说他要搬进一个新开发的项目,专为65岁以上的老人设计的,配套设施都是五星级标准,有电影院、游泳池、餐厅和酒吧,还提供各种等级的护理服务。不过,福蒂斯丘可能不喜欢那里,因为一切都太奢华了。他更需要的是家人的陪伴,而不是享受奢华的服务。

不管他如何选择,他都要面临生活的巨变,这对他来说一定很可怕。

当我走进他的书房时,我的想法有了一些转变。

我不希望搬家这个事给他带来压力,我希望他在整个过程中都能感受到我们的支持。

"我们收到了最新报价,那个开发商还是坚持840万,而达米安的客户最终提价到935万。"我的声音有点激动。

---

[1] 主要住所(principal residence)指个人或家庭在法律上认定的居住地,通常是个人或家庭在一年中居住时间最长的房屋。

"我们认为这个报价非常理想。"娜塔莎补充道。

"嗯。"福特斯丘说。

"我能坦率说几句吗,先生?"我问。

福蒂斯丘看起来有点惊讶。

"一定要说吗?"

"是的,我想说说。"

"请说吧。"

"在我20年的职业生涯中,"我一边说一边寻找恰当的措辞,"我们帮助很多人卖掉了老房子。我知道,要离开自己住了几十年的家是非常痛苦的,因为要和过去彻底告别,同时又要面对不可知的未来。假如,我只是说假如,您决定搬家,我们会全程陪伴您,帮助您。我们会帮您争取晚一点办理过户手续,给您留出充足的时间整理物品。蒂娜很能干,她会过来协助您。我们还会帮您找新的住所,而且确保是您满意的。当然,如果您实在不愿意搬家,还想留在这里,我们也完全能理解。"

我停了下来,不敢正视娜塔莎。

我不确定这样说是不是有助于成交,但一定是能帮到福蒂斯丘的。

娜塔莎站起来,冲我使了个眼色。

"我们会等您考虑清楚再决定。"她说,"您想和我还有爱德华勋爵一起去公园散散步吗?我保证不跟您说卖房子的事。"

"我想去,"他说,"我拿一下围巾。"

祖孙二人走出了大门。

我走到门口，碰到刚刚赶来的达米安。

"怎么样？"他问。

"顺其自然吧。你已经拿到了最好的报价，现在就看福蒂斯丘如何决定了。"

2022 年 4 月 15 日

福蒂斯丘打来电话，告诉我他接受报价，他甚至表示对报价非常满意。他没说什么感谢的话，但说话时心平气和，不再像过去那样暴躁。我们帮他争取了 6 个月的缓冲期，他可以在这段时间打包整理，新业主和他们的建筑师如果有需要也可以随时过来。

我介绍了福蒂斯丘和蒂娜认识，蒂娜将协助他搬家。

蒂娜今年 60 多岁，做事很靠谱，把工作交给她你会很放心。她年轻的时候在邮轮上做歌手，经营过酒吧，还创办过搬家公司。我们已经合作了 12 年。她为人正直，对工作尽心尽力，无论是公爵还是清洁工，她都一视同仁。

从福蒂斯丘那里得到接受报价的消息后，我飞快地骑车到坎普登希尔路买了一箱香槟，小心翼翼地放进背包，再骑车穿过霍兰公园，回到办公室。

达米安外出去见网红男孩了，约翰正在见弗拉维娅介绍的意大利客户,娜塔莎陪她父亲去医院做常规检查。等他们都回到办公室,我第一时间分享了这个好消息,打开香槟,倒了满满的四杯。

"我们成功了!福蒂斯丘接受报价了!全靠大家的共同努力,我为所有人感到骄傲。"我举起酒杯,又特意向达米安点了点头。

娜塔莎喝了一口香槟,好奇地问道:"福蒂斯丘开心吗?"

"我相信他是开心的。不过,这只是开始,后面我们还要全程协助他,直到他平安地搬进新的住所。我已经向蒂娜介绍了他的情况,蒂娜可以帮忙。来吧,我们一起庆祝一下吧。"

我和大家轮流碰杯。自从疫情暴发以来,我们很久都没有这样一起喝酒庆祝了。约翰和我坐在沙发上,爱德华勋爵趴在我们中间,娜塔莎和达米安坐在对面的椅子上。开第三瓶香槟时,大家都有了一些醉意。

"和你们并肩奋斗这么久,打赢了这一场仗,现在是时候说再见了。"约翰唱起了安德烈·波切利和莎拉·布莱曼的歌《告别时刻》,"当我独自一人的时候,我梦想着地平线。"到了第一段的高潮部分,他用深沉的男中音大声唱道,"那些我从未看过,是时候说再见了。"

为了阻止他唱第二段,我们赶快热烈鼓掌。

"你要去哪里,约翰?"娜塔莎问道。

"弗拉维娅在等我。我们要和她儿子科克一起再去看一次公寓，然后决定买不买。儿子是她的心肝宝贝。我从来没有嫉妒过母亲对孩子的爱，但现在有点嫉妒了。"

"别忘了她还有一个丈夫，你会更嫉妒的。"约翰走出门时，娜塔莎小声说道。

房间里只剩下我们三个，没有约翰在这里活跃气氛，显得有点冷场。

我决定再开一瓶香槟。

"你父亲那怎么样？身体检查没问题吧？"我问娜塔莎。

娜塔莎没有多说什么，只是简单地回答了一句"没什么事"。

"你父亲又住院了吗？他还好吗？"达米安问。

他的声音里充满关切。

娜塔莎突然眼圈一红，站起身说："他没事，谢谢你。不好意思，我有点感冒，出去擤擤鼻子。"

2022 年 4 月 16 日

我在团队的群里发了一条消息，告诉他们我今天在家办公。我要找附近的一些经纪人了解同类型房子的成交价，然后代表奥斯卡奖得主提出报价。

约翰告诉我，科克看过房子后表示没问题，所以他已经代表弗拉维娅提出了报价。

2022 年 4 月 22 日

约翰报了一个非常低的价格，比卖家的要价几乎低了 15%。我以为卖家会非常生气，令人吃惊的是，他们居然接受了。后来我了解到，原来是有一个爱找麻烦的邻居，一直在不停地和这栋楼的住户打官司，所以卖家急于出手。弗拉维娅已经收到警告，不过她相信自己能搞定那个脾气暴躁的老头，还主动邀请他一起喝酒。

约翰提到这个事的时候似乎有些沮丧，因为弗拉维娅准备去巴黎看她的丈夫。

2022 年 4 月 28 日

我在福蒂斯丘家门口碰到了蒂娜。我事先向她介绍过福蒂斯丘，告诉她这是一位上了年纪的绅士，有些固执己见。不过，没什么能难倒蒂娜的，当我到达时，她已经站在门口了。

"房子很漂亮啊！"她说。

"是的，只是有点像回到了中世纪早期，不太好整理。"

"没问题。"听到蒂娜这么说，我立刻就安心了。

在工作上我喜欢亲力亲为，因为我对别人总是不太放心，生怕他们有什么地方做得不到位。我经常提醒自己要懂得放手，可是达米安、约翰或娜塔莎谈业务时，我还是会忍不住在旁边指手画脚。

这次有蒂娜协助，我真是太省心了。

记得有个客户跟我说他很喜欢他的司机。我问他为什么，他说："因为他经常说我最喜欢的三个字——'没问题'。"

这就是我想要给客户的感觉：请放心，没问题。经常说这三个字，会帮助你赢得更多客户。

福蒂斯丘开门迎接我们，还是穿着平常穿的那身衣服。他把我们带到书房。我说："蒂娜最擅长帮人搬家，有她在，能减轻很多压力。"

"我这里有一些非常贵重的物品，"他高声说，"你知道梅森瓷器[1]吗？"

"不是很了解，但我知道如何处理贵重物品。"蒂娜说话一向不卑不亢。

"嗯。"福蒂斯丘轻哼了一声，抬头看向天花板。

"我们该怎么处理这些报纸？"

"报纸上有重要的信息。"

"是吗？什么信息？"蒂娜问得很直接。

"很多。"福蒂斯丘显然不太配合。

---

1 欧洲第一名瓷——梅森瓷器（Meissen porcelain）被称作瓷器界的劳斯莱斯和"白色黄金"。这个拥有300多年历史的德国瓷器品牌素以高雅设计、皇家气质和纯手工制作闻名。白色底盘上的两把蓝剑交错成梅森的百年经典象征，代表着至高无上的品位，已成为全球高级瓷器的象征。

"我们可以分类整理好。"蒂娜拿出笔记本,"您能不能带我四处转转?"

福蒂斯丘终于恢复了绅士风度,带蒂娜去参观各个房间。我在书房等待时,隐约听到从远处传来轻微的笑声。

我滑动着手机,邮箱收到一封新邮件,我点开一看,不禁怒火中烧。

邮件内容是关于贝尔格拉维亚待出售的一套公寓的介绍。公寓看着很眼熟,当我看到楼层平面图时终于想起来了:这是三年前我帮薇拉买的公寓。她既是我的客户,也是我的朋友。现在她要卖房子,却找了斯利克代理。

我跟薇拉关系很好,我曾经去过她在加勒比海的家。究竟出了什么问题?是我的服务不够好吗?斯利克是什么时候插手的?真是太可气了!还好福蒂斯丘的笑声把我拉回到现实——我从来没有听他这样笑过。

"好了,问题都解决了。"蒂娜走进房间说,"我们已经订好了工作计划,我下周过来清点物品。"说完,她拿起背包,往肩上一甩,离开了房间。

"这位女士挺能干。"福蒂斯丘说。

我还坐在老旧的扶手椅里想着刚才的事。

"她让我想起了我以前的保姆。"

"嗯,她确实很能干。"我心不在焉地说着,从扶手椅上站起来,努力想摆脱那封邮件带来的困扰,"您对她满意,我很开心。"

"很满意。"福蒂斯丘说着把手伸向我,我想他可能有点站不稳,赶紧向前一步准备扶住他,但马上又意识到他也许只是想拍拍我。他用布满老年斑的手轻轻拍了一下我的左手。

"谢谢你,麦克斯。"

这个出人意料的举动让我非常感动,眼泪差点夺眶而出。我极力忍住,回答道:"这是我应该做的。"

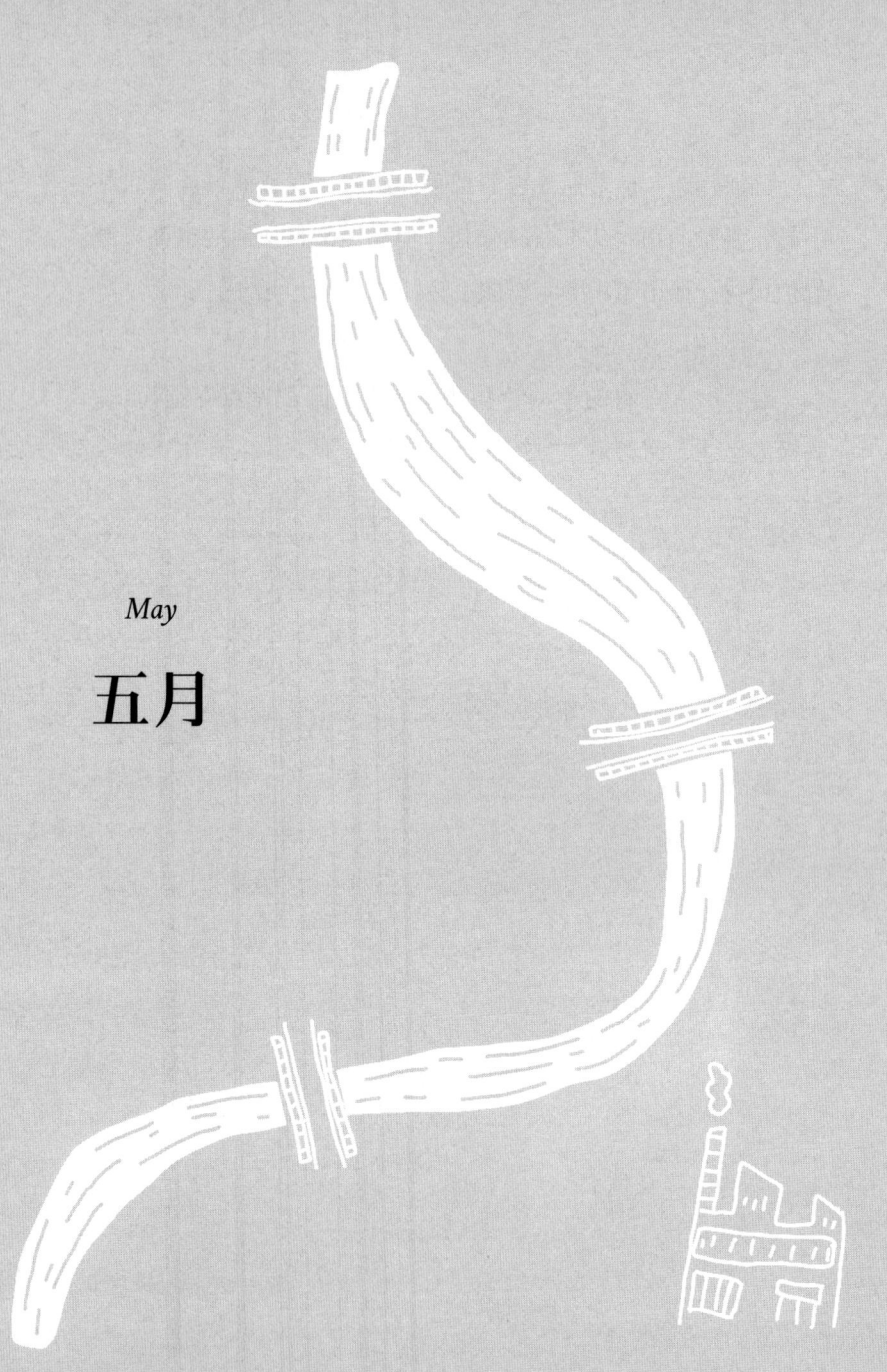

May

五月

2022 年 5 月 3 日

又到了"董事会"时间。

"约翰，弗拉维娅买房子的事进展如何？"

约翰说已经在联系律师了，选择了我们最可靠的合作伙伴杰尼，后面应该会很顺利。

在这个阶段，卖方律师要将起草好的合同和交易房产的基本信息及相关文件一起发送给买方律师。买方律师会进行专业的尽职调查和风险评估，以确保房产交易的合法性和可行性，同时评估可能存在的风险。

一般来说，房产律师和房产经纪人的合作是很愉快的，因为他们代表着同一方的利益。不过有时候经纪人急于成交，会催促律师加快审查速度，律师就会感到很不满，觉得经纪人只关心自己的佣金，尤其是经纪人获得的佣金比律师的报酬高很多的时候。但从另一个角度看，无论成交与否，律师都能拿到报酬，而经纪人却很有可能颗粒无收。

通常我都会建议客户用我们合作过的优秀律师，他往往能决定一笔交易最终成功还是失败。在我看来，花在优秀律师身上的每一分钱都是值得的。

"网红男孩那里怎么样？还打算和我们合作吗？"我问达米安。

"我不太确定。齐伊说他还在生气，因为摄制组的人对我有兴趣。确实有个制片人约我下周一起吃饭。"

娜塔莎挑了挑眉毛："制片人叫什么名字？"

"塔尼娅。"

2022年5月9日

今天是个好日子，我接到了国宝夫人的电话。

她是我父亲的朋友。我小时候就认识她，当然，那时她还不是国宝夫人。

她在许多政府委员会任职，还投身慈善事业，和朱迪、玛吉一样获得了女爵士[1]的头衔。她还是英国家喻户晓的一档美食

---

[1] 英国王室会为那些在各个领域做出杰出贡献的女性授予女爵士（Dame）头衔，既彰显英国王室的地位与权威，也体现了对各行各业女性人才的尊敬与认可。已有多位名人获此殊荣，如女演员朱迪·丹奇和玛吉·史密斯。

节目的评审,深受观众喜爱,由此获得了"国宝夫人"的称号。

她打电话说想要卖掉现在住的这栋房子。这是她和前夫 50 年前购买的,那时他们家里人口多,所以房子非常大,不太适合她现在的家庭状况。她打算换新房子,面积不必太大,要方便打理,有三间卧室就足够了。最重要的是,要有她梦想中的厨房。

她住在英格兰的格洛斯特郡,那里也是我从小生活的地方。我们很少代理伦敦以外的房子,但我对那太熟悉了,而且又是国宝夫人找我,我根本无法拒绝。

我对国宝夫人说,如果我有把握我就接手,如果我觉得当地的房产经纪人能更好地为她服务,我会帮她牵线。无论怎样,我都会全程支持、协助她。

她对我说了一句每个经纪人都梦寐以求但很少听到的话:"全权交给你处理。"

2022 年 5 月 12 日

我和达米安又去了一趟亿万富翁的房子,现场监督工人,确保他们按照我们的要求清除所有低俗装饰。如果一切顺利,6 月初就能带客户来看房了。人们会在 7 月中下旬集中度假,之后就进入销售淡季了,所以我们必须争分夺秒往前赶。

弗洛伦蒂娜突然推门进来,说要拿一些东西。她是亿万富翁的女儿,因为交了一个拜金的男朋友,亿万富翁就和她断绝了来往。前不久她和男朋友分手了，转天就去迪拜见她的父亲，父女俩的关系暂时缓和。亿万富翁的家庭关系非常复杂，他和我说起家事的时候，我从来不敢回应什么。我一直记得这样的忠告：如果朋友找你倾诉说和伴侣吵架了，你千万不要随便发表意见，更不能说对方伴侣的坏话，因为他们很有可能马上就和好如初。

"你好，弗洛伦蒂娜。"我说。

她有点茫然，似乎不记得我是谁了。

"我是麦克斯，还记得吗？你买的第一套公寓是我帮你找的，在拉德克利夫广场[1]，还有南肯辛顿的那套别墅。"

"哦，是吗？"她好像还是没想起来。

"这是我的同事达米安，有什么需要帮忙的可以找他。"听到特丽莎在楼上说话的声音，我说，"我得去和特丽莎聊聊。"

我和特丽莎已经成为朋友了。作为设计师，她虽然没有阿克塞尔·弗沃尔特[2]、维尔·格伦尼[3]和罗斯·尤尼亚克[4]那么有

---

1 拉德克利夫广场（Radcliffe Square）是英格兰牛津市中心的一个广场，被牛津大学的历史建筑环绕。
2 阿克塞尔·弗沃尔特（Axel Vervoordt），比利时设计师、艺术品收藏家和策展人，因其简约、自然和永恒的侘寂美学而闻名。
3 维尔·格伦尼（Veere Grenney），出生于新西兰的英国室内设计师，从业30年来，其英伦风格的装饰获得了业内普遍认可。
4 罗斯·尤尼亚克（Rose Uniacke），英国室内设计师，因其简约淡雅的风格和对旧建筑进行改造设计而闻名。

名，没有经常被《室内设计》（*The World of Interiors*）或者《建筑文摘》（*Architectural Digest*）杂志报道，但亿万富翁一家人都很喜欢她，因为她知道如何呈现他们想要的效果。

"进展如何？"我走进二楼的会客室，看到她正在给一个和真老虎一样大的粉色彩绘瓷虎包裹泡沫塑料膜，膜上面贴着标签"待清理"，我这才松了一口气。尽管我和特丽莎的审美不同，我还是很认可她的工作能力。开工第一天，有个搬运工没来，是我和她儿子一起把东西搬上车的，干了两个小时我就累得直不起腰来。特丽莎说："平时我都是这么干的。"

"我们一定会把这里清理好的。"她一边说着，一边把包裹好的瓷虎小心翼翼地放进木箱。

"亿万富翁同意我们的美化方案吗？"我问。

"我告诉他要刷一层漆，找几个工人，让他们在这打地铺，给一万英镑，一周内完工。很划算吧？"

"当然。房子看起来干净、清新一些，就能升值几十万呢。"

"你不会要求我在颜色上玩什么花样吧。弗洛伦蒂娜喜欢嫩粉色和紫色，你会选奶油色和灰褐色吧，别忘了多莉·帕顿的名言。"

"什么意思？我挺喜欢多莉·帕顿的，我在 O2 体育馆看过她的演唱会。"

"她曾经说过，繁复才精美，而非简约。"

我本想告诉她，实际上帕顿说的是："花很多钱却看起来那么廉价。"[1]但话到嘴边又咽了回去。

"我们还是折中吧,保留部分留白,给人们一些想象空间。"

"是的,空白的画布是最好的。"

如果所有的室内设计师都像特丽莎一样对颜色没那么敏感就好了。我记得有个设计师对客户说,踢脚线的颜色必须是正确的白色。客户疑惑地问:"有这么重要吗?"设计师回答:"错误的白色会毁了你的生活。"

我觉得任何颜色都不会毁掉特丽莎的生活的。

房产销售的旺季就快到了。历史数据表明,5月和6月是伦敦顶级豪宅的销售高峰。这段时间会举行一系列的大型活动,吸引世界各地有消费能力的人来到伦敦:切尔西花展、温布尔登网球锦标赛、巨匠臻藏艺博会、阿斯科特赛马会、亨利皇家赛艇会,还有数不清的花园派对。

春夏之交,阳光灿烂,微风轻拂,令人心情振奋,对生活充满希望。公园里绿意盎然,繁花盛开。人们坐在户外,沐浴着暖阳,街边酒吧人潮涌动——房地产市场也正如这城市景观一样,开始焕发勃勃生机。

---

[1] 多莉·帕顿(Dolly Parton),美国女歌手,在《VOGUE》中回顾自己 1975 年以来的 11 种时尚造型时说:"More is more, and whoever made up 'less is more' is full of it."

2022 年 5 月 16 日

今天是我的生日,但并不是大生日,所以我决定低调地过。

早上 7 点去海德公园慢跑,中午和同事们一起吃午餐。老朋友凯特回伦敦了,我约了她在我公寓附近的日本餐馆吃晚餐。

凯特说她打算去乡下看看房子。

"我想换个环境,"她说,"也许那种城乡结合的生活更适合我。"

"今年春天温度高得有点反常,别被这种天气骗了,记住,乡下也有冬天,你现在又回到了这片四季分明的土地上。"

"我知道,我知道,但我挺向往乡村生活的:冬天坐在壁炉旁读书、在田野里散步、晚上喝几杯——甚至还可以养只狗。"

"你是不是在重温《恋爱假期》?还在幻想遇见你的裘德·洛?"[1] 凯特曾经是那部电影女主角的候选人,最后这个角色给了另一个"凯特",也就是我们熟知的凯特·温斯莱特。那大概是她人生中最大的挫败。

"真难得你还记得这部电影。我们还是共同创造一些新的

---

[1] 在电影《恋爱假期》中,爱丽丝(凯特·温斯莱特饰)住在英国伦敦的乡村,而阿曼达(卡梅隆·迪亚兹饰)是洛杉矶的美国丽人。她们在天南地北的两端,却遇上了同样的问题:在感情上遭受了挫败,生活灰暗无光。二人在网上聊天,商议在圣诞节到来之前,到对方的环境去生活,交换双方的住所作为度假场地。于是,一场令人兴奋的旅行开始了。爱丽丝来到美国大都市,阿曼达则乘班机前往极具英伦情调的英国乡村。

回忆吧，来，干杯，祝你生日快乐！"

凯特说得真好，我们不要回头看，因为我们无法改变过去。但正如昆汀经常对我说的，我们可以从过去的经历中学习并成长。

2022 年 5 月 18 日

安提瓜的那对夫妇（对奇斯霍尔姆斯的房子感兴趣的买家）推迟了行程，要等到秋天再回来。我不敢把这个消息告诉奇斯霍尔姆斯夫妇，因为我之前跟他们说这对夫妇是最合适的买家。

我对买方经纪人查尔斯抗议说，去年我们已经在线上确认购买意向了。

"是，是，你给我们看了视频。视频拍得挺好，还有你的……嗯，该怎么形容呢？你的表演也不错，不过他们不可能只凭这些就决定花 1100 万英镑买房子。"

"如果现在还不确定，有可能会失去这个机会。"

"嗯，我跟他们讲了。"他说。

干这一行 20 年，我悟出一个真理：我无法说服别人做出我希望他做的选择。我能做的只是告诉他，我认为什么是正确的选择。

2002 年 5 月 22 日

说到正确的选择,奥斯卡奖得主对小威尼斯公寓的报价比卖家的要价低了几十万英镑。我认为卖家要价太高,让奥斯卡奖得主不要提价。卖家预期这么高是因为房子带一个大花园,直通公共花园,而现在正是花园最漂亮的季节。

希望我的选择是正确的。

2022 年 5 月 24 日

其他几个项目也陷入了僵局。

弗拉维娅计划购买的公寓,住宅管理代理商[1]仍未提供任何资料,包括物业如何运营、未来的费用可能是多少以及是否有维修基金等信息。约翰已经给他们打过电话,也发过邮件,甚至亲自去了他们的办公室,但他们完全是官僚主义做派,办事拖沓,根本推不动。

弗拉维娅不明白,为什么我们不能施展一下个人魅力,说服他们加急办理。

如果我们能有这本事就好了。

---

1 英国的住宅管理代理商就是物业代管公司,负责聘用礼宾服务人员、清洁工、园丁和维修工等,为住户提供服务并向住户收取物业管理费。

2022 年 5 月 27 日

达米安迈着自信的步伐，满面春风地走进办公室，一副志得意满的样子。

"你们还记得那个跟拍网红男孩的摄制组吗？我跟你们说，几周前我和制片人塔尼娅喝酒，她说——"他突然停了下来。看来大家都从约翰那学会了如何吊观众胃口。

过了好一会儿，他终于说道："他们想给我们做一档节目。"

"你在开玩笑吧。"娜塔莎说。

达米安肯定没有在开玩笑。

"我特别卖力地宣传你们呢。"他眉飞色舞地说。

"我们不需要宣传，我们可以靠实力赢得尊重。"约翰好像有点不高兴。

"当然，当然，大家都很出色。我只是如实介绍了一下大家的情况。"

"你真以为我们都盼着出镜，接受别人的嘲笑和议论？"娜塔莎冷冷地说。

"生活中只有一件事比被人议论更糟糕，那就是没人议论。"约翰说。

"我不太认同。"娜塔莎说，"我奶奶经常说，你只应该在报纸上出现三次：出生、结婚和死亡。"

"我只是引用了一句奥斯卡的话。"约翰辩解道。

"什么意思？"达米安问。

我感到气氛有点紧张，赶忙插话说："他引用的是奥斯卡·王尔德的话。但这不重要，我想知道，他们想要从我们这里得到什么，你又承诺向他们提供什么？"

"他们想拍一个先导片。如果我们看了觉得不满意，他们不会公开发布。如果我们觉得可以，他们就会做一份企划案，连同先导片一起发送给各大频道。如果企划案能通过，他们会制作一档系列节目，跟踪拍摄我们平时的工作，计划做成三季。"

"这样做我们会失去客户的。如果我们带着一个摄制组出现，福蒂斯丘叔公会做何反应？还有那个奥斯卡奖得主，后果简直不堪设想。我们的 USP[1] 是保护客户隐私，绝不能毁了信誉。"

娜塔莎说得有道理，但约翰过去一直从事戏剧表演，很喜欢出镜，所以他支持达米安："如果能保证让我们先看先导片，并且得到我们授权才往外发，那我觉得这事没什么坏处呀。没有冒险就没有收获，伙计们。每个人考虑问题的角度不一样，说实在的，我不希望别人只把我当成房产经纪人。麦克斯，你

---

[1] 20 世纪 50 年代初由美国人罗瑟·瑞夫斯（Rosser Reeves）提出，要向消费者说一个"独特的销售主张"（Unique Selling Proposition），简称 USP 理论，又可称为创意理论。其特点是必须向受众陈述产品的卖点，同时这个卖点必须是独特的、能够带来销量的。

知道我最初的梦想就是演戏,这个梦想从来没有改变过。"

我试图结束这场争论,建议大家都好好想想,然后我们投票表决。但达米安坚持说:"这对我们来说是一个非常好的机会,是免费的宣传。而且就像约翰说的,如果我们不满意,他们是不会发的,我们没有任何损失。"

"损失的是我们的诚信。"娜塔莎冷笑着说。

"我不想参与。爱德华勋爵也不会参与的。"她又气鼓鼓地补了一句。

2022 年 5 月 30 日

特丽莎打来电话说,从欧洲运过来的材料有一些延误,还有她找的油漆工要求涨工钱,只是略微涨十分之一,但亿万富翁就是不同意。看起来房子美化的进度会比预期要慢。由于供应链问题、英国脱欧和新冠疫情带来的连锁反应,建筑成本大幅增加,而这次延误又会增加一笔机会成本。

达米安说他可以和弗洛伦蒂娜谈谈,看能否解决这个问题。他怎么会觉得自己这么有影响力?我没有追问,也没接受他的提议。

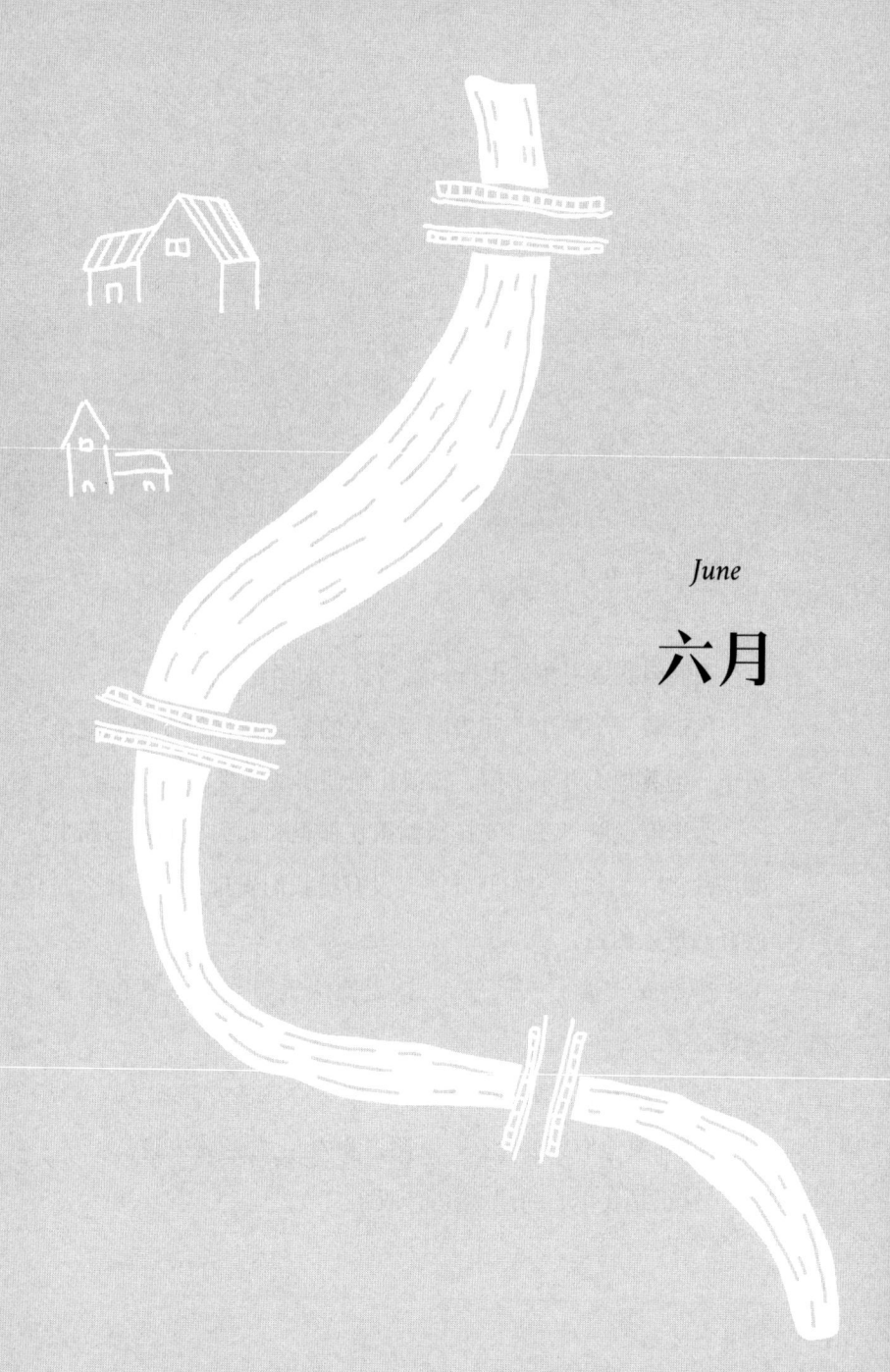

June

六月

2022 年 6 月 1 日

我们团队今天集体出行，就当是一次团建吧。

我带着三个同事一起去国宝夫人的家。我已经很熟悉这个房子，但其他人并不了解，需要让他们实地感受一下。

达米安说服了我，安排摄制组在那里和我们见面。一路上娜塔莎都在生气。约翰问导演有没有给我们安排台词，什么时候开始进入角色。

达米安皱着眉头回答："这是真人秀，约翰。本色出演就好。"

"那也得有设计好的剧本吧？"

"你知道他们想要什么——阴谋和内斗。"达米安说。

"这正是我担心的。"娜塔莎叹了口气。

我得赶紧转移话题。

"提醒大家一下,不要一直关注摄制组,我们来这里是为了国宝夫人。她的房子很有特色,你们很快就会看到,我希望能卖一个创纪录的高价。另外再强调一次,这个房子是场外交易,不做宣传册,不在网上发布,销售全程保密,大家都要注意点,别被小报记者捅出去。"

娜塔莎指出,有摄制组在场,就根本做不到"保密"。

确实如此。

我解释说:"如果国宝夫人不同意,肯定不能播。即使要播,也是在房子卖出去之后,而且还要隔很长一段时间。"

达米安又补充道:"我已经说了,这只是先导片。只有得到我们的许可,他们才会发给各大频道,然后制作一系列节目。娜塔莎,你也要参与进来。塔尼娅说需要拍一些女性素材,会对节目有帮助。"

我看向后视镜,使劲向达米安使眼色。以我对他的了解,我敢打赌他现在就是故意挑衅。

"我不是什么素材,我也不关心塔尼娅想要什么。"娜塔莎板着脸说。

"保持自然状态,呈现最真实的面貌就好,希望能通过这个节目改变大家对房产经纪人的刻板印象。我有表演经验,片子出来效果应该不错。"约翰永远都是那么乐观。

不到一个小时的时间，我们就下了高速，在B级公路[1]上蜿蜒穿行，窗外呈现出一片田园牧歌般的梦幻景色：起伏的山丘上绿树成荫，成群的牛羊在广袤的原野上吃草、漫步，石头筑建的农舍坐落其间，宛如油画一般，充满古典韵味。穿过一条两侧栽满角树的小道，我们来到了国宝夫人的家。

这栋房子的建筑风格是艺术和古典相结合，设计师显然受到了勒琴斯[2]的影响。房前屋后有大大的草坪和花园，大部分房间朝南，可以远眺山谷和湖泊。

国宝夫人热情地出来迎接我们，给了我一个大大的拥抱。

"你们先到房间和花园转转，"她说，"我正在写一篇文章，需要在午餐前完成。"

国宝夫人在20世纪70年代买下这栋房子。她告诉我们，那时候她所在的科茨沃尔德[3]地区没有现在这么热门，很多人选

---

1 英国的公路分为几个等级。高速公路以字母M打头编号，其他公路按重要程度分为A级、B级、C级。以A编号的公路一般都是国道，B级公路相当于我们的省道。
2 埃德温·勒琴斯（Edwin Lutyens），被称为"英国最伟大的建筑师"，因1921年对印度新德里的规划与总督府的设计而闻名。在其规划中，由中央大道和多条放射状道路将一系列六角形的街区分隔，具有田园城市的图式。总督府的设计则为古典风格与印度装饰相结合的产物。
3 科茨沃尔德（Cotswolds）位于莎士比亚之乡的南面，绵延的乡村风情与科茨沃尔德群山融合在一起。该区历史十分悠久，在中古时期已经因羊毛相关的商业活动而发展起来，保存了历代的建筑，既有传统风格，又有浓厚的英国小镇风味。

择离开这里，迁居到 M4 走廊[1]和巴斯[2]。如今的科茨沃尔德成了英国最美的乡村，保留着众多中古风格的小镇，小镇中的蜂蜜色村舍错落有致。国宝夫人的房子恰好位于该地区"黄金三角"（三个角分别是斯托小镇、戴尔斯福特庄园[3]和索霍庄园[4]）的中心。这里已经变成了纽约的汉普顿[5]，不断攀升的房价就是最有力的证明。

我发现名人有两种类型：其中一种人慷慨大方，对上天赐予的好运充满感恩，并乐于与人分享；还有一种人总怕别人沾自己的光，处处提防别人。国宝夫人属于前者。我提前打电话问她是否介意有摄制组跟拍一个小时。她白天还要工作，我猜她一定不会同意，没想到她立刻爽快地回答："没问题，我请大家吃午饭。"

---

1 位于斯劳（Slough）的英国高新技术开发区 M4 走廊（M4 corridor）最近几年被房地产开发商赋予了一个全新的名字：硅走廊（Silicon Alley）。这里是英国历史最为悠久的科技及实业重镇。
2 巴斯（Bath）位于英格兰埃文郡东部，是英国唯一列入世界文化遗产的城市。巴斯是一个被田园风光包围着的古典小城，被誉为英国最漂亮典雅的城市之一，它的典雅来自乔治亚时期的房屋建筑风格，有英国最高贵的街道和曲线最优美的建筑。
3 戴尔斯福特（Daylesford）庄园是一座英国国家一级保护的新古典主义庄园，英国前首相约翰逊和凯莉的婚礼就是在这座庄园里举行的。
4 英国牛津郡的索霍庄园（Soho Farmhouse）最早建立于 1995 年，最开始这里是一家会员机制的俱乐部，只允许有钱的名人大咖们光顾。后来索霍集团将废弃的农场改建为索霍庄园精品酒店，将时尚元素与质朴古老的农村宅院相结合，让这里成为明星们特别钟爱的地方。
5 汉普顿是纽约的顶级富人区，政客、大亨、名媛、巨星都在这里购置豪宅。

我带着团队参观了整栋房子、农场、花园和田野。

"这里真是一块宝地啊。"约翰感叹道。

我们穿过修剪整齐的草坪，来到一棵古老的紫杉树下，欣赏着美丽的田园风光。

与格罗夫纳广场新开发的三居室公寓或切尔西的联排别墅相比，我更喜欢这里的一切。山川、湖泊、溪流、石桥，浓郁的乡村风情与连绵的丘陵风景完美融合，浑然天成，如诗如画，让人仿佛置身于世外桃源。

今天天气特别好，阳光明媚，田野绿意盎然，花园里的玫瑰开得正艳，淡雅的芬芳随着缕缕清风袭来，令人心旷神怡。我很高兴有摄制组来跟拍记录这美好的时刻，先不去想以后会发生什么吧。

我们继续参观，穿过玫瑰花园，听到沙砾车道上传来汽车喇叭的声音。达米安一直盯着手机，他兴奋地宣布摄制组到了。

一辆福特嘉年华停了下来，两个30岁左右的男子走下车，自我介绍说他们是保罗和乔。保罗手持摄像机，乔拿着话筒。

"很高兴见到你们。还有其他工作人员吗？我们有时间限制。"这里俨然成了约翰的主场。

保罗笑了笑说："就我们俩。"

"什么？没有导演，没有摄影师，也没有助理？"

"是的，只有我们两个。我们预算有限，这次只拍先导片。"

"我们只有一个小时的时间，只能拍我们三个人，不要拍娜塔莎。"我说。

"那有点可惜，"保罗看着娜塔莎说，"国宝夫人能出镜吗？"

"当然不能。"

"你们希望我们怎么表现？我们要说些什么？想要什么节目效果？"约翰问得很专业。

"一个节目最大的看点是什么？名人和金钱。所以，你们要多多提到名人，提到钱，这样节目才有收视率。"

我注视着保罗说："是不是有点低估了观众的智商？我们可以带领大家欣赏一栋房子的美，了解居住在其中的人的生活，看他们是如何设计、布置房间的，和他们一起感受房子给人带来的温暖和幸福，这些不是更有意义吗？我说的房子不一定是豪宅，也可以是苏格兰的小木屋、利物浦的仓库改建的艺术家公寓，当然，也可以是豪华别墅。你们觉得我的提议怎么样？"

"我不知道小木屋是什么，但我知道频道编辑想要什么。不管对与不对，反正事实就是如此。"

关于拍摄主题的对话就此结束。

娜塔莎走向湖边，约翰、达米安和我走到草坪上。摄像机对着我们的时候，我们都装出一副严肃、权威、专业的样子。约翰时不时地打断拍摄："有台词本吗？""你想从哪个角度拍我？""麦克斯说那句话时，我应该表现出疑惑还是惊讶？"

达米安表情很自然，而我显得有点做作。我昂首阔步地在草坪上走来走去，用夸张的语气说着："哈里和梅根移居蒙特西托[1]之前，肯定没有来过科茨沃尔德。如果他们到过这里，我相信他们会立刻在这买房子。还有贝克汉姆一家，他们一定后悔在索霍庄园买了房子，因为这里的房子就像是给他们量身定制的一样。"

为了显得更有说服力，我又随口乱编了一些离谱的数字。"它是无价之宝，你根本无法给它定价……2000万，不……它是艺术品，是《亚威农少女》，是《蒙娜丽莎》。"

约翰吃惊地看着我，但我根本停不下来，越说越带劲。

我的"蒙娜丽莎"独白终于结束。保罗转向我说："谢谢你提到了名人，提到了钱。不过，我不知道该怎么说，我觉得，也许，你可以稍微……我不知道……稍微……正常一点。"

约翰给了我一个安慰的眼神，对保罗说："这是他第一次面对镜头，我认为他已经表现得非常好了。我说过要给我们台词本。你们可以多拍拍我，别再给麦克斯施加压力。"他又看向我说："刚才那段表演挺棒的，但还需要把握节奏，突出重点。我认为你有天赋，麦克斯，不过确实还需要多练习。"

我对他们说，接下来还是主要拍约翰和达米安吧。约翰很有镜头感，但他们好像更喜欢达米安。

我看到娜塔莎独自坐在湖边，出神地凝视着湖面。我走了

---

[1] 2020年，哈里王子和梅根卸任英国王室的高级成员职务，搬到了美国加州蒙特西托这个被誉为天堂般落脚点的社区，在那里买下了一栋价值1400万美元的豪宅。2023年又有报道称，他们对蒙特西托感到失望，开始寻找新的家园。

过去。"是不是有什么心事，你还好吗？"

"我没事。"

"你父亲怎么样？"

"他生病了，但一定会好起来的。"

"祝他早日康复。"我坐在她旁边的草地上，"如果你需要休息一段时间，或者要找人照看爱德华勋爵，你就尽管说。"

她冲我笑了笑："谢谢你。"

一个小时以后，达米安从房间中走出来喊道："收工啦，现在是午餐时间。"

国宝夫人为我们准备了一顿丰盛的午餐，所有的食物都是她亲手做的。她正在和保罗、乔愉快地聊天，还送了他们一本最新出版的书，并且在扉页上签了名。

临走的时候，保罗对我说："很多名人台上台下判若两人，但国宝夫人真的就像电视里看到的那样。"

"那当然。"我自豪地说。

2022年6月4日

虽然这不是一个艰难的决定，但我还是经过认真思考才下定决心。我确信我能做得像其他经纪人一样好，甚至比他们更好。我熟悉这个地区，而且发自内心地喜欢这里，我对客户也很了解，这些都对销售非常有利。我把我的决定告诉了国宝夫人，她很开心。我对她说，能有这样的机会是我们的荣幸。

我和同事们也分享了这个消息："我已经告诉国宝夫人，她的房子由我们来代理。"

约翰欢呼道："太棒了，国宝夫人是位了不起的女性，我很喜欢她。"

"我要开始打电话联系客户了。约翰，你最近有时间吗？我希望你能和我一起参加预开放日的活动。接下来一个月，国宝夫人都要录节目，只要她一有空档，我们就带人去看房。"

"没问题。"他笑着说。

说到国宝夫人的房子定价多少合适，大家开始七嘴八舌地争论起来。

给房子定价真的很难。如果有其他经纪人参与，那我们的定价必须有竞争力，同时还要符合实际。如果因为经纪人定价过高而没能成交，会对房产非常不利，很有可能导致它最终无人问津。

关于定价有两种观点。其中一种观点主张用较低的定价吸引更多人前来看房，然后引导大家竞价。这个策略一旦奏效，各个买家就会在一轮轮的竞价中不断提高报价，最终报价会比最初的定价高出许多。但这个策略也会有风险，因为它的成功取决于是否会有竞争。假如只有一个买家感兴趣，他是不会和自己竞价的。必须保证有多方参与，并且还要激发出大家的求胜欲望。为了"赢"过别人，每个人都会在不知不觉中付出更多的代价，下更大的血本。

我们代理的是高端住宅，大多数买家都有"赢"的欲望，会积极参与竞争，所以这个方法是适用的。

另外一种观点是采用传统做法，直接定高价，耐心等待"愿者上钩"。

国宝夫人的房子独一无二，没有同类型的房子可参考，因此很难估价。我参考了最近的高端房产销售情况，发现虽然现在经济下行，但该地区的房价仍然处于历史最高水平。那究竟该如何定价呢？一个废弃的马厩可以改建成办公场所、健身房、水疗中心和室内游泳池，就像索霍庄园那样，有无限的可能——成本核算也是如此。

我们必须快速确定。最终，我们决定按最乐观的情况估算，定个高价。为什么不呢？

我打电话给国宝夫人，告诉她我们算好的价格，她说她很开心。

她真的是我最梦寐以求的客户。

2022年6月8日

亿万富翁终于同意特丽莎的美化工程继续推进——这是好消息。坏消息是因为亿万富翁拖了很久才确认这个事，特丽莎的团队等不及，又接了其他工程，为期一个月，所以我们只能推迟到7月开售，就这样错过了黄金档期。

2022 年 6 月 10 日

我在餐厅和朋友吃饭的时候碰到了一位客户,我跟她打了个招呼,她也向我点点头。

这位客户给我上过宝贵的一课。她曾经委托我帮她卖房子,那个房子我很喜欢,但最终我没能卖掉它。定价时我参考了多种因素:房前有一条车道直通停车场;花园面积巨大,占地数英亩,与伦敦最好的公共花园相连;还有草地网球场,就像都市中的乡村别墅。我还参考了同类房子的成交情况,唯一的不利因素是这个房子需要翻新,但是在伦敦,除了全新的东西,还有什么是不需要翻新的呢?

我建议的定价很高,但我认为是在合理范围内。如果这个房子在诺丁山,定价要高出两倍。我觉得自己做的每个决定都是正确的,但房子就是没卖出去。我联系了所有合适的客户,但没有人报价。在高端房产市场,运气往往起着决定性的作用。我能感觉到这个客户对我很失望,她认为是我的定价有问题。现在回想,可能是我对这个房子的偏爱影响了我对价格的判断。和诺丁山同类型的房子相比,我会更想拥有这个房子。

再次碰面,我们简单地聊了几句,特意避开了房子的话题,因为她已经把房子交给另一个经纪人代理。

想都不用想,就是斯利克。

2022 年 6 月 14 日

摄制组今天又跟拍了半天。我们找了几个开发商和经纪人带着我们看房子,凯特友情客串出演"客户"。

我对着镜头说了几句,阐述我创办这家房产经纪公司的初衷、我们的宗旨、能给客户提供什么服务以及我们为什么与众不同(或者说更好)。

2022 年 6 月 20 日

我们到切尔西参加开放看房[1]活动。不过,在这里看房不像你在《日落家园》中看到的那样,卖方还会提供汉堡和肉毒杆菌[2],在这里你最多能得到一杯免费的香槟。疫情暴发之前,这类活动每周都会举行,但现在已经很少见了,所以每次来的人都很多。

---

1 国外卖房推销过程中,开放看房(open house)是最常用的方法之一。开放看房通常是在周六或周日下午举办。事前卖方经纪人会通过插牌子、在当地报纸及 MLS 房源系统中做广告等方式进行宣传。届时卖方经纪人会在卖主家中展示房屋。对房子感兴趣的人,无论有无经纪人陪伴,均可推门而入,参观房子,并向卖方经纪人提问。
2 在美国真人秀节目《日落家园》中,金牌房产销售克里斯汀为了吸引富豪来参加房产中介的派对,举办了一个"汉堡+肉毒杆菌"的派对,让富豪们在豪宅里一边吃着汉堡,一边打肉毒杆菌。

这是一个新开盘项目的顶层公寓，可以俯瞰切尔西皇家医院和切尔西兵营[1]，沿河风景一览无余，属于炙手可热的开发板块。查尔斯王子曾经反对建筑师理查德·罗杰对切尔西兵营板块的改造方案，拒绝接受这种先锋的现代主义建筑风格。他亲自写信给这块土地的开发商，希望他们能取消原来的设计方案，改用古典主义设计师昆兰·特里的传统设计。虽然这个提议未被采纳，但开发商最终未能顶住查尔斯的压力，宣布不再聘用罗杰负责项目的设计。切尔西兵营项目最终呈现的是保守庄重的建筑风格。这件事发生在 2010 年，坎迪兄弟为此发起诉讼。7 月底，法官裁定，查尔斯王子的干预是"不受欢迎的"。如今，这个耗资 35 亿英镑的项目终于完工，顶层公寓的标价是 3500 万英镑，包括所有奢华的配套：礼宾服务、停车场、25 米的游泳池、私人健身房、私人电影院以及会议室（当然，这些都需要额外支付费用）。服务费是每年 8 万英镑，相当于英国人均年收入的三倍多。真是骇人听闻。

销售代理来自一家大的国际公司，算是新一代的行业精英。他们穿着剪裁精良的西装，身姿笔挺，和来宾就房地产相关话题侃侃而谈，言谈举止透着高端房产经纪人的风范，跟我刚入

---

[1] 位于伦敦市中心的世界级住宅项目切尔西兵营（Chelsea Barracks）集结了建筑界最顶尖的规划师及设计理念，占地 12.8 英亩（约 52 000 平方米），总体规划的 40% 被留出来建造了 7 座花园广场。这里原是英国军队的一个兵营，因此在设计时也融入了大量的军事元素。

行时那副呆头呆脑的样子迥然不同。那时的我就像刚从公立学校毕业的学生,穿着普普通通的细条纹衬衫,肩膀上还沾着一些头皮屑。

代理告诉我们,中国香港的客户对这个项目表现出浓厚的兴趣。我们欣赏了铺着大理石的浴室、配有雪松衣柜的步入式衣帽间、电动百叶窗和奇特的户型。家具时尚而现代,房间里到处摆放着相框,里面镶嵌着拉夫·劳伦服装模特们的照片。

约翰热情地和每个人聊天,娜塔莎表情紧绷地跟着我走,而达米安身边一直围着两个漂亮的女孩,给他送上饮料和小吃。正当我们准备离开这里时,电梯门开了,斯利克走了出来。

他看到我,立刻仰起头,挺直了身子。

"麦克斯,见到你很高兴。"他居高临下地看着我说。

"你好,斯利克。"

"萨拉怎么样?她现在住在哪里?坚守台(Kensal Rise)还是威尔斯登(Willesden)?"

"她很好,在女王公园。"

"哦,真的吗?我对那个区域不熟悉。你能找到这么与众不同的房子,真是很厉害。"他语带讥讽地说。

"是的,那个地方充满活力,业主的素质都很高。"娜塔莎走到我身边,约翰也走了过来,摆出一副要跟他集体对决的架势。

"那真……不错。你一定要来看看贝尔格拉维亚的一套顶层公寓。"他神秘兮兮地凑近我,"比这个有品位多了,设计得非常独特。"

我突然感到眼前发黑。"你是说薇拉的公寓吗？"

他露出斯利克式得意的笑，说："是的，她说她认识你。"

我咽了口唾沫，尽量语气平和地说："我跟她很熟，也很了解她的公寓。"

"那太好了，"他兴奋地说，"那我就不用向你介绍了。但你得抓紧时间，已经有买家表示感兴趣，如果你有合适的客户，要尽快行动！"服务员走过来，斯利克从托盘中拿起一杯香槟，"为我们的未来干杯。"他朝我们这边举起了杯子。

约翰轻轻拍了拍我的后背，说："麦克斯，我们得去趟国宝夫人那里，那边有个活动。"

斯利克眨了眨眼，他应该是知道国宝夫人的。他转过身向另一位经纪人打招呼："嗨！伦敦地产之王！见到你真高兴。"

2002 年 6 月 28 日

巨匠臻藏艺博会[1]是伦敦艺术季的重要活动之一。约翰拿到了几张票，我们今天一起过去。今年的巨匠臻藏艺博会在兰利

---

1 巨匠臻藏艺博会（Masterpiece）是世界领先的多学科艺术博览会之一，也是向公众开放的为期一周的非凡的文化和社会体验。从古代到现在的最优秀的艺术、设计、家具和珠宝作品，都可以在这个博览会中找到。

公园的一个巨大帐篷里举行,就在克里斯托弗·雷恩[1]的代表作切尔西皇家医院附近,位于国王大道和切尔西堤岸之间。切尔西皇家医院建造于英国的崛起时期,占地面积非常大,足足有64英亩。它不是一般意义的医院,而是以照顾不同历史时期的伤退老兵为目的建造的看护养老之所。

这就是我喜欢伦敦的原因之一:你总是能在不经意间发现珍宝。如果你从泰晤士河河堤入口进来,就可以欣赏到对面的巴特西公园和浪漫的艾伯特大桥的华美景色,特别是在夜晚灯光的映衬下,显得格外壮观。

艺博会持续九天,参展的主要是艺术品经销商,也有珠宝商,还有著名的房产经纪公司第一太平戴维斯。明天是贵宾开放日,后天会举行盛大的开幕式。今天是针对精英阶层的"收藏家开放日"。这也是一种巧妙的营销,让每个阶层的人都能享受不同程度的殊荣。

"收藏家之夜"是专为那些财力雄厚的人举办的活动。约翰通过一位非常富有的纽约朋友拿到了票,那个朋友今年来不了伦敦,约翰就把他的票转给了我。这是接触客户的最好机会,因此第一太平戴维斯在这里租了一个展位。可是我不太习惯在

---

[1] 克里斯托弗·雷恩爵士(Sir Christopher Wren)是英国最著名的巴洛克风格建筑大师。他设计了52座伦敦的教堂,其中很多以优雅的尖塔顶闻名。牛津大学的谢而登剧院是雷恩重要的处女作。其他的还有圣三一学院图书馆、剑桥大学彭布罗克学院礼堂以及切尔西皇家医院、肯辛顿宫和汉普顿宫的扩建建筑。

这样的地方挖掘客户，假如有人告诉我这次来参加活动的某人打算在伦敦买房子（或者有房子要卖），我不仅不会主动上前自我介绍，反而会尽一切可能避开他。昆汀说，我们95%的行为是由潜意识控制的，可我不认为我的潜意识在告诉我，你会失败。

当我质疑这个观点时，昆汀说："也许，你的潜意识在告诉你，你不配成功。"

我以前参加过所谓的"VIP之夜"，来宾们会特别没有风度地争抢免费饮料。"收藏家之夜"的感觉则完全不同——来宾不仅不会一次拿两杯饮料，甚至还会拒绝冰镇的鲁伊纳[1]香槟。

"怎么才能让别人知道我们是做什么的？"我问约翰。

"我们在第一太平戴维斯的展位附近转悠转悠，一有人离开那里，我们就拦住他，做自我介绍。"他一边说一边喝了一口酒，然后就去找熟人寒暄了，"你好，埃德蒙多，最近好吗？"

走在过道上的时候，我们迎面碰到来自休斯敦的一对美国夫妇，约翰在美国沃斯堡的金贝尔艺术博物馆的开幕式上见过他们。我很奇怪约翰为什么会去沃斯堡，也不知他是什么时候去的。约翰不停地称赞美国建筑大师路易斯·康的才华，还说

---

[1] 鲁伊纳（Ruinart）是一家法国香槟酒庄，成立于1729年，是世界上最古老的香槟酒庄之一。

一定要去参观孟加拉国首都达卡的国民议会大楼,那是康的代表作品。我认识的人里去过孟加拉国的人不多,只有欣赏建筑的人会去那里。约翰真是总能给人惊喜。那对美国夫妇听了非常开心,他们说来伦敦是为了避暑,和约翰约好下周一起吃饭,聊聊买房子的事。他们现在有点犹豫要不要买,因为他们很喜欢克拉里奇酒店[1]的套房和礼宾服务。

接下来该我上场了。

我看到了一个朋友——安妮,我曾经帮她在贝斯沃特找到一套公寓。她是个艺术爱好者,正在陪朋友看展览。她的朋友看起来很有学者派头,头发灰白稀疏,衣服半新不旧。安妮说他叫亨利,并向亨利介绍了我,说我是伦敦最好的经纪人,如果要买房或者卖房一定要找我。我说我很愿意帮忙。亨利正在仔细端详罗马尼亚雕刻家布朗库西的雕塑作品,所以没有接话。安妮用胳膊肘轻轻碰了我一下,于是我又试着问道:

"您想在哪里买房子?"

"伦敦吧。"亨利含糊地说道。

"有具体区域吗?"

"我不太想住在克拉珀姆。"他回答道。

还好,范围缩小了一些。我说展会上乱糟糟的容易分心,

---

1 "假如有资格去天堂,我就到克拉里奇酒店(Claridge's)!"这是美国影星凯瑟琳·赫本对克拉里奇酒店的至高评价。这家酒店位于伦敦西区的中心——高级住宅区梅费尔区,堪称奢华、精致与优雅的代名词。

回去之后我会给他发个电子邮件，确定会面时间，到时我们再详谈。

今晚还是值得庆祝的，至少有两个潜在的新客户没有被第一太平戴维斯抢走。可能是喝了太多鲁伊纳香槟的缘故，我感觉有些飘飘然了。

July

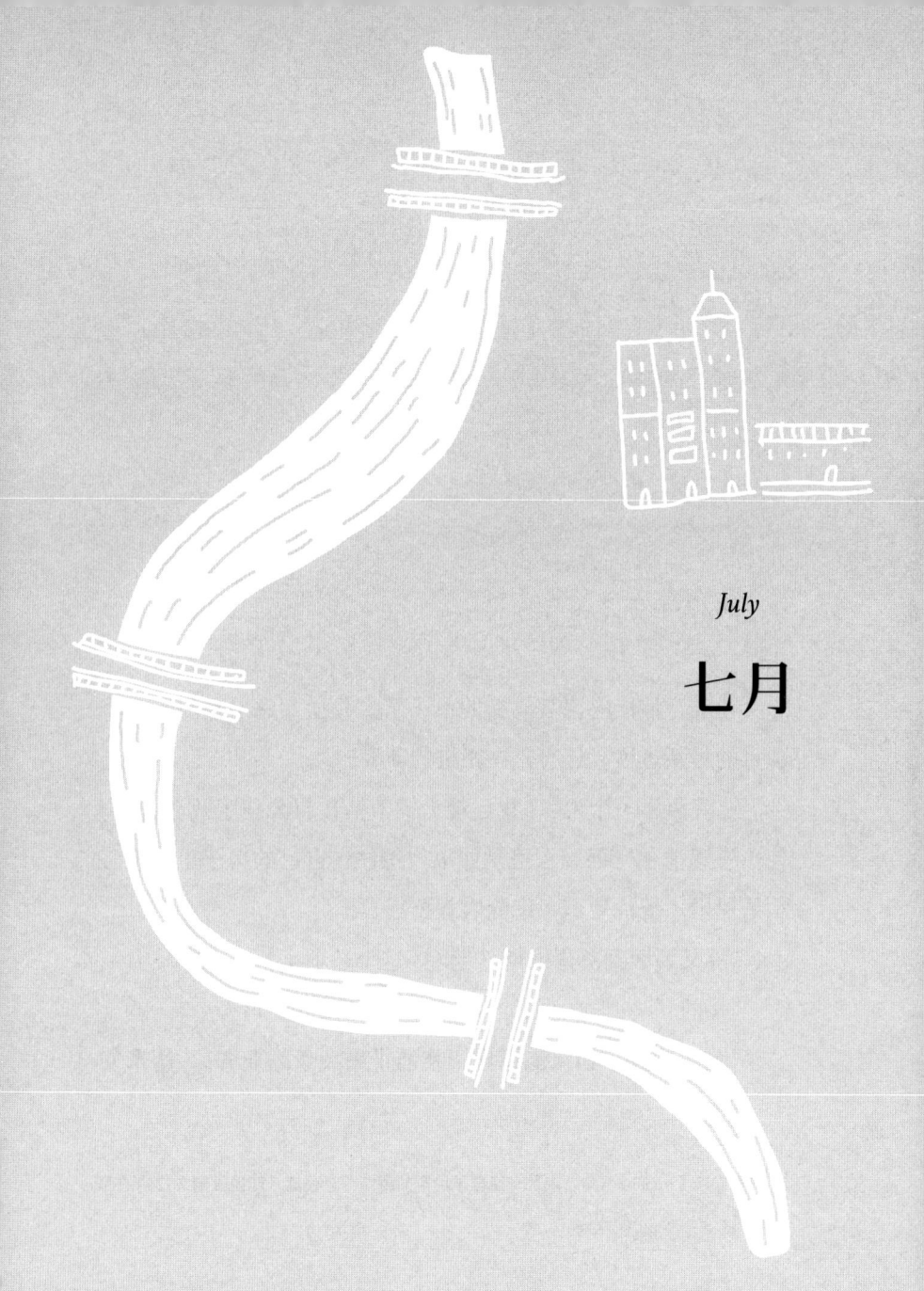

七月

2022 年 7 月 4 日

进入 7 月，应该有成交的单子了。我让大家汇报一下各个项目的最新进展，还有正在跟进的新客户。

娜塔莎第一个说："我已经为福蒂斯丘叔公找了几套公寓。他不愿意请住家保姆，可是如果他想住在自己的房子里，就必须请保姆。他说他不考虑酒店式公寓。"

"那又要回到奥里安斯养老院[1]这个选项了？"

"是的。"

"我们的片子如果能播出，就能带来大量的业务。"达米安

---

1 奥里安斯（Auriens）养老院是一家位于伦敦的高端养老公寓，能提供全方位的护理服务。

插了一句，他逮住机会就要游说大家。

娜塔莎打了个哈欠。

"我们等等先导片吧，"我说，"约翰，有法国人的最新消息吗？"

"很遗憾，他们放弃了。他们认为，英国脱欧以后，伦敦的形势已经发生了变化。"

"真是浪费我们的时间。"我的声音中透着恼怒。

"麦克斯，生意嘛，就是这样，要么大赚一笔，要么一无所获。你平时也总这么说。"

"是，我知道。抱歉，我只是感觉压力有点大，亿万富翁和国宝夫人的房子现在还不能销售，进展都很缓慢。达米安，你那有什么进展？"

"我在跟进几个亚洲的客户。"

"弗拉维娅的房子呢？"我转向约翰。

"简直是个噩梦。我们从住宅管理代理商那里得到了信息，这栋大楼里的一位业主不仅起诉了物业公司，还起诉了好多邻居，不知道什么原因。我认为他是精神错乱，闲极无聊。"

"还有别的进展吗？"我极力掩饰着自己的失望。

"唔……"娜塔莎说，"自从见了网红男孩之后，我再也不想在网上找客户了。我们家族的一个老朋友考虑买房子，她之前在亚拉巴马州，童年时在杜鲁门·卡波特[1]和哈珀·李[2]居住的小镇生活，和他们是邻居，她的父母也认识他们。她长大后嫁给了一个英国人，在这里定居了。"

"听起来像是田纳西·威廉斯[3]戏剧里的角色。"约翰说。

"是有点像。她买房子这事可能没那么快，秋天的时候我再追一追，夏天她不在伦敦。"

2022 年 7 月 5 日

奥斯卡奖得主要买的那套公寓的卖方经纪人给我打了个电话。

我们还没有谈妥价格。我知道奥斯卡奖得主预算充足，可以提高报价，但考虑到这个房子翻新所需要的工程量，还有之前提到的建筑成本增加，我不建议她提价。

卖方经纪人可谓使出浑身解数，说有个客户看过三次了，还有客户带着建筑师来看过，又说奥斯卡奖得主很有可能失去

---

1 杜鲁门·卡波特，美国著名作家，两次获得欧·亨利短篇小说奖。代表作：《蒂凡尼的早餐》《冷血》。
2 哈珀·李与杜鲁门·卡波特是从小的至交，其代表作《杀死一只知更鸟》中的迪尔，就是以卡波特为原型。哈珀·李曾获得过包括普利策小说奖在内的多个文学奖项，并被授予总统自由勋章。
3 田纳西·威廉斯，美国剧作家，主要作品有戏剧《欲望号街车》《热铁皮屋顶上的猫》《玻璃动物园》等。

这个机会，还说如果报价达不到预期，卖家是不会卖的。这次他打电话是通知我收到了另一份报价。但问题是：这种恐吓手段，你可以用一次、两次，如果用的次数太多，就不可信了。

我不太相信卖方经纪人说的话——假如你从业时间足够长，你就会对房产销售的真实情况产生第六感，就像凯特·莫斯在《荒岛唱片》节目中说过的，如果有人骗她，她总是能第一时间感觉到。

我对经纪人说，谢谢他及时告诉我这个信息，并向他承诺会转达给我的客户。不过，我有点犹豫要不要转达。一个好的房产经纪人有责任替客户承担压力，包括向他们隐瞒一些情况，不把压力传递给他们。这真是个难题。经过慎重考虑，我决定还是把这个真假莫辨的信息告诉奥斯卡奖得主，同时也告诉她我的想法。

几天之后，奥斯卡奖得主对我说："麦克斯，我听你的。"

我很开心，但也感到责任重大。为国宝夫人和奥斯卡奖得主做决策的时候，我都选择相信自己的直觉。她们对我寄予厚望，我也一定不能让她们失望。

2022 年 7 月 8 日

早上一到办公室，我就感觉气氛不太对。

娜塔莎眼睛红红的，达米安看起来有点激动。我不知道该不该问，只好假装没看到。

我们三个人静静地坐在电脑前，谁都没有说话。

我今天没骑自行车，是走路过来的，因为我想利用散步的时间思考一下先导片的问题。昆汀建议我列一个利弊清单，他说，当你对一件事拿不定主意的时候，就把做这件事或不做这件事会带来的好处和弊端一一列出来，然后进行对比。在对比的过程中，你的内心会更清晰地感受到你有怎样的价值观，哪些东西对你更重要。

娜塔莎牵着爱德华勋爵出去了，屋子里只剩下我和达米安。

我先开口打破了沉默："你最近怎么样？"

"挺好的呀！"

"娜塔莎好像有点不高兴。"

"她现在应该很开心才对呀。她有大喜事，我跟她说我为她高兴，可是她听了以后非常生气。"

我正琢磨这句话是什么意思，约翰匆匆忙忙走进来，一边说着"不好意思今天迟到了"。

他的脖子上系了一条亚麻围巾。我羡慕地说："我从来没想过夏天还能系围巾，而且你搭配得很协调。"

"这是我跟一个意大利演员学的。你要不要试一下？"

他把围巾搭在我的脖子上，松松地绕了两圈："哈哈，像不像三宅一生？"

娜塔莎牵着爱德华勋爵回来了,约翰扭头问她:"你觉得怎么样?"

"有点……油腻。"

约翰不理会她,继续欣赏他的"作品"。

我咳嗽了一声:"好了,我们说说先导片的事吧。我来列个利弊清单,明确一下我们的目标和期望。"

我走到白板前,用马克笔写下"利"和"弊"。"来吧,伙计们,我们做个对话球的游戏,大家集思广益。"

我捡起爱德华勋爵的球,扔给了达米安。

"你先说吧。"

"利是可以免费宣传,在社交媒体上增加曝光度。我愿意负责这个事,我们以前都没有好好利用过社交媒体。"

"好,把球扔出去。"

他把球扔给了娜塔莎。

"宣传的作用有好有坏,也可能会破坏我们的形象。"她说。

"没错。"我把"正面宣传"和"负面宣传"写在白板上。

"你还没拿到球。"娜塔莎发现了问题。

我从她手中夺过球。"现在有了。"

她又抢了回去。"经过他们的剪辑,你们和客户都会显得很可笑。我都能想象出卡米拉·朗这样的媒体人会怎么报道我们:废物经纪人和被宠坏的客户。"

我从娜塔莎手中抢回了球,扔给约翰。

约翰说:"确实如此。但这个问题是普遍存在的。我们的客户都是超级富豪,没有人会和他们共情。"

讲得很客观。

达米安有点委屈:"我可不是光拣好听的说,我是真心觉得大家都很出色,而且非常受欢迎,怎么就没有成功的可能呢?"

球从他手中掉下来,被爱德华勋爵叼住。

"这取决于他们如何剪辑。"约翰挥舞着手说,"我见过很出色的演员被糟糕的导演和制片人毁掉。"

"塔尼娅说她不是要来整我们,她做这个节目是想展现我们的气质、风度和魅力。"

娜塔莎怒气冲冲。约翰看向窗外,好像外面会有答案。我问达米安是否信任塔尼娅,他大声回答"当然"。

"我之前说过,这会使我们失去所有的客户。你们想想,亿万富翁还会再接近我们吗……"

"我只是想帮助团队做点事。"

"没错,我们是一个互相支持、同舟共济的团队。"我说。

"你好像忘了一件重要的事。"我本打算结束这个话题,但约翰又补上一句。

"什么事?"我问。

"适度出名其实挺好的。人们会对你更友好,还能迎来更多机会。当然,我们不能以恶俗的方式出名。"

看来这个话题是绕不过去了。娜塔莎说："你是说达米安会有一批粉丝？"

"当然会的，没准麦克斯和我也会吸引不少崇拜者。你都不敢相信吧，娜塔莎，如果你愿意参与进来，肯定也会迷倒很多人。"约翰继续说，"麦克斯，我发现你很有表现力。我觉得如果你上《舞动奇迹》[1]，一定能火。"

粉丝、崇拜者、《舞动奇迹》，由此看来，最终结论是利大于弊。

2022 年 7 月 12 日

今天要跟进一下奥斯卡奖得主计划购买的公寓。

我给卖方经纪人打了个电话。

"怎么样了？"我问。

"你们能提价吗？"他说。

"暂时不打算提价。另一方呢？"

"我们正在考虑，可能要竞价，只有一轮。"

"真的吗？"

"卖家希望能尽快成交。"

"我们也是。"真高兴我可以和奥斯卡奖得主站在同一阵线。

---

1 《舞动奇迹》(*Strictly Come Dancing*) 是英国深受欢迎的电视舞蹈大赛真人秀节目。

"那你们可以提高报价……"

"你也可以接受我们目前的报价。"

对话开始得很快,结束得也很快。

约翰走进来时正好听到我在打电话,他说:"听起来竞争很激烈。"

"卖家不肯让步,真让人崩溃。"

"相信你的直觉,麦克斯。"

真希望我的直觉是正确的。

2022 年 7 月 14 日

我给特丽莎打了个电话。

"进展如何?"

"工人下周就开工,我们会在月底之前完工。"

这可不行。到那时,有实力买这个房子的买家都去度假了,在圣特罗佩、汉普顿或希腊小岛上享受日光浴。8 月份只有中东的买家会来伦敦避暑,因为他们那里太热。

这个时间卡得太不合适了。

"进度确实不理想,但也实在是没办法,我们都知道在和谁打交道,我只有收到预付款才能安排工人开工。"

"我明白。"

"你真能明白吗?工人们都不容易,这是他们养家糊口的钱。这就是我们所处的现实世界。"

"特丽莎,我明白。"

"我不是在跟你生气,麦克斯。我知道亿万富翁最终会付钱的。可他的子女实在太恶劣,找各种理由拖欠工钱,然后自己坐着私人飞机去马尔代夫度假,想到这些我就很愤怒。"

"确实令人气愤,这真是一个荒谬的世界。"

"我就知道你能理解。麦克斯,你是一个好人。"

2022 年 7 月 16 日

"麦克斯,你去和律师谈谈吧。我实在受不了了。可能我太情绪化了,弗拉维娅这个房子的事我怎么也搞不定。"

"深呼吸,约翰,深呼吸。"我说。

"你觉得我是惊恐发作吗?"

"肯定不是。"

一个糟糕的邻居可能会毁掉你的生活,这种情况我经历过很多次。弗拉维娅的这个邻居实在太难相处了,很多业主为了躲开他都把房子卖掉了。大楼已经更换了三个物业公司,而这个邻居还在没完没了地投诉:X 走楼梯的声音太大;Y 的回收垃圾里有一个纸质咖啡杯,这是违反规定的;Z 把房子租给了一个朋友,违反了原始租约……诸如此类。

新的物业公司斥巨资请了律师，准备申请禁制令[1]，禁止该住户对大楼的管理工作发表任何意见。他最近的一次诉讼也被驳回了，法官认为他是在浪费法庭的时间。可是他不仅没有收手，还威胁说要一告到底，并将他的投诉提交到欧洲人权法院和英国高等法院。其实这一切冲突的起因就是关于公共区域要涂成什么颜色，居民们无法达成共识。我又想起那个设计师的话，或许错误的白色确实会毁掉你的生活。

　　我找律师、物业公司分别聊了聊，我问他们："有人和这个住户认认真真地聊过吗？"所有人的回答都是"没有"。

　　我对约翰说："你去和那个人聊聊吧。你有亲和力，又善于共情。他可能陷入了一种执念，你要帮他想办法走出来。"

2022 年 7 月 20 日

　　我想去国宝夫人那看看，但她今天要录节目。

　　我转到肯辛顿商业街，正好碰到娜塔莎牵着爱德华勋爵往霍兰公园的方向走。她问我是否愿意一起散散步，我说"好啊"。

　　一路上，爱德华勋爵还是走走停停。娜塔莎开口说："我

---

[1] 禁制令（injunctive relief）是通过法庭命令的形式实施的司法救济措施，常见于英美法系国家的诉讼程序。指法庭命令当事人做，或者不得做某一个特定的行为，以避免司法不公或者解决货币赔偿无法弥补的损害。违反禁制令的行为通常可能被判定为藐视法庭的刑事罪行。

可能要休个长假。"

刚一进玫瑰园,她就松开了爱德华勋爵的牵引绳(这可是违反规定的)。

"这么好呀,准备去哪?"

"还没想好,我比较传统,去哪要听新郎的。"

"等等……"我有点蒙。

"是的。"娜塔莎简短地说。看到爱德华勋爵正往花坛那边跑,她赶紧大喊一声:"快回来!"

"你要结婚了?"

"还没有,但皮尔斯向我求婚了。"

"然后呢?"

"我不知道要不要答应他。"

"呃。"我想着合适的措辞。

"你觉得呢?"

"我也说不好。娜塔莎,你爱他吗?"

"从某种程度上说……爱德华勋爵,快回来!"

我们走进霍兰公园的树林。

"你的意愿好像没那么强烈。"

"如果我嫁给他,我父母会很开心。"

"那你开心吗?"

"我想我也会开心的。"

我们默默地往前走,我说:"我母亲曾经说过一句话,'不要轻易答应，除非你无法拒绝'。"

"嗯！"

2022 年 7 月 22 日

约翰接受了我的建议，去见那个偏执的邻居。事实证明，我的猜测没错。大楼里的住户，还有他生活中的人都躲他躲得远远的，他现在只是希望有人能听他说说话，而约翰就是这么做的。他的心结终于被解开了。感谢上帝，律师们可以继续推进合约了。

"你看，约翰，我说得没错吧？"我得意地说，"有时候人们只是希望被倾听。"

2022 年 7 月 23 日

卖方经纪人再次打来电话，他希望我们在下周日之前提交最终报价，并再次强调有对手参与竞价。当初我们卖福蒂斯丘的房子时，我使用过这个策略，其实这样做的目的就是迫使那个兴趣最大的买家提高报价。现在轮到我扮演提价的角色了。我必须为奥斯卡奖得主做出正确的选择。

我打算利用整个周末的时间好好思考。

我让奥斯卡奖得主准备一份资料，包括律师的详细信息、资金证明以及她作为购买者的信誉度。资料的最后有个空白处，我们将在那里填上一个神圣的数字，希望赢得最终的胜利。

2022 年 7 月 26 日

今天是在国宝夫人家预先看房的第一天。约翰和我一起去，我们分头接待买方经纪人，就像在福蒂斯丘家那样。我很喜欢约翰的工作风格，专业、自信，不会因为自己不是大牌经纪人而缩手缩脚，所以每次有重要活动我都愿意叫上他一起。达米安和娜塔莎年轻无畏，而我比较保守拘谨。我怀疑自己有心理障碍，也许是冒充者综合征[1]吧。

"今天来的有 Prime Purchase、Property Vision、Domby Spencer-Churchill、The Buying Solution、斯特拉特 & 帕克 (Strutt and Parker)、莱坊、Katy Campbell、第一太平戴维斯和科茨沃尔德地区的几位经纪人。"我在车里告诉约翰。

"你几乎把所有人都叫来了。"约翰笑着说。

"我还找到了和班福德家族[2]一起打过猎的经纪人。班福德

---

[1] 冒充者综合征（Impostor syndrome），又称自我能力否定倾向，指个体按照客观标准评价已经获得了成功或取得成就，但是本人却认为这是不可能的，自己没有能力取得成功，感觉是在欺骗他人，并且害怕被他人发现的一种现象。

[2] 安东尼·班福德（Anthony Bamford）是英国工程机械制造商 JCB 的董事长，在 2019 年福布斯全球亿万富豪榜上排名第 504 位。安东尼·班福德家族是英国最富有的家族之一。

家族是戴尔斯福特庄园的主人，也是科茨沃尔德地区名副其实的统治者——这个经纪人和他们的关系应该挺近的。"

"太好了！我就说嘛，接这个单子没什么可担心的，只需要把细节做到位。没有人能像你做得这么好，麦克斯。"

"谢谢你，约翰。我还找到了这个地区的社交女王……"

"哦，是谁？"

"她是娜塔莎的远房表姐，嫁给了一个超级富豪，跟这里的有钱人都很熟。悄悄跟你说啊，这个人相当狡猾。"

"任何事都有代价。如果事情办成，我们给她什么回报？"

"我已经告诉娜塔莎了，引荐佣金是20%。她一听说只需要把这个消息告诉朋友就可以轻松赚钱，立刻就同意了。"

"有没有免费的饮料？"

"什么意思？"

"恐怖海峡乐队[1]。"

"还是不懂。"

"这是他们那首《不劳而获》（Money for Nothing）里的一句歌词，出自他们的经典专辑，黛安娜王妃很喜欢的。你没听过吗？"

"确实不知道。"

---

1 恐怖海峡乐队组建成立于1977年，是英国的一支摇滚队，其英文名为 Dire Straits，形容他们刚刚创立时经济上的窘境。

"你也没那么年轻啊。我最喜欢他们的《兄弟》(*Brother in Arms*),'这薄雾笼罩的山,现在就是我的家'。"

约翰用沙哑的声音唱了起来。

"很动听,有一种忧伤的感觉。"

"这首歌让我想起弗拉维娅,她的家不在这里,始终是要回去。"

"房子的事不会又出问题了吧?"我立刻紧张起来。

"现在没有,律师们还在抠细节,没准之后会有问题。"

"她回伦敦了吗?"

"我们别聊这个了。"

"好吧。"我暂时松了一口气。

*****

我和约翰带着第一批到达的经纪人参观了草坪、马场和主卧套房,他们的反应让我充满信心。乡村住宅市场正在蓬勃发展,虽然我们定的价格很高,但完全符合实际情况。我感到很振奋,正如昆汀以前说过的,我特别在意别人的肯定,这对我影响很大。

可是,当我见到那位和班福德家族打过猎的经纪人时,高涨的情绪顿时一落千丈。他已经知道了价格,但还是反复跟我确认,并且表现出质疑的态度。我给他列举了庄园(我坚持把这个房子称为庄园)的诸多优点,其中一个优点就是拥有土地,这意味着需要交给政府的印花税(购买税)是6%而不是15%,这就能节省一大笔钱。他认为我的定价比实际价值高了40%,我听了有点沮丧。真应该让约翰接待他。他还质疑为什么是我来代理这个房子,问我有什么经验,对本地的了解有多少,以及为什么国宝夫人会委托我做经纪人。

我不知该如何回答,只好说感谢他给我提出宝贵意见,也感谢他能抽出时间来看房子。

我和约翰重新会合,我们准备去科茨沃尔德的大本营——戴尔斯福特庄园吃午餐,社交女王告诉我们,戴尔斯福特庄园比索霍庄园更受名流贵族的欢迎。

"索霍庄园试图超越,但没有人真的敢挑衅卡罗尔。"

我们都知道,卡罗尔就是班福德夫人。

"她很有品位,而且非常精明。"社交女王笑着补充了一句。

我们把车开进了戴尔斯福特的砾石停车场,那里已经停满了各种牌子的豪车。

庄园由一系列谷仓式的建筑组成,谷仓里有酒吧、咖啡馆、健康美食中心和食品商场,商场里的每样东西看起来都美味可口,香气诱人,包装也很别致,让人很想立即拥有。柑橘酱、黑松露海盐、克什米尔辣椒……真不敢想象,我平时的生活有多粗糙。这里的每个人看上去都像博登[1]产品册里的模特,服务

---

[1] 博登(Boden)是英国本土热衷的中高端时装品牌。

员也都光鲜亮丽，引人注目。

"这个地方真是梦幻。"我说。

"这里最能体现本地特色。"社交女王狡黠地眨了眨眼，"现在，说说房子的事吧。如果我的朋友买这个房子，我能拿多少佣金？"

"你会大赚一笔的。"约翰说。

我告诉了她具体的数字是多少，她说这笔钱绝对可以用来支付在希腊租别墅的费用了，然后又笑着说当私房钱存起来也不错。

"这个地方让我感觉不太真实。一切都太完美了。"社交女王一讲话就停不下来，约翰好不容易逮住机会插了一句。

"完美有什么不好？"她问。

"挺好的。"我快速回答。

她又开始给我们讲起科茨沃尔德的八卦，我听到了一系列如雷贯耳的名字。

"是不是人在乡下会更喜欢冒险？"我问。

"也许吧。"

"我觉得是因为无聊。"约翰补充道。

吃过午餐往外走的时候，社交女王一路和她的朋友打着招呼，并和几个看起来跟她一模一样的女士互送飞吻。她们都留着精心打理过的金色长发，额头光洁，没有一丝皱纹，站在那里眉飞色舞地聊着过去的聚会、未来要举办的聚会、在希腊帕克西岛租了哪些别墅以及夏日的出行计划。

社交女王说她会去联系那些有实力购买这座房子的大亨。买房子需要一笔巨资,翻新也是一个投入巨大的工程,大概要耗时两年,得用半年时间做规划,而且随着房价不断上涨,建筑成本很难预估。

约翰和我又回到了房子那里。

上次拍摄的时候,我已经仔细考察了一遍,确定了对外展示的最佳方式。带客户看房也是一门艺术,有点像排演一场舞台剧。通常情况下,你会陪客户从前门(有些大型乡村别墅不止一个入口)进入。走进来以后,接下来该去哪里呢?是先到地下室然后再上来,还是先上到顶楼然后一层层往下看?关键点在于,你准备在哪里结束参观。你肯定不希望最后带客户去的是地下室的杂物间,因为如果客户对房子感兴趣,最后肯定会问一些问题:这个房子挂牌多久了?业主能接受的报价是多少?他们为什么要卖房子?考虑到这一点,我总是事先计划好结束看房的地点——或是能俯瞰花园广场的二楼客厅,或是光线充足的厨房。这也取决于在什么季节、一天中的哪个时间段看房:如果是早上,需要有东面的阳光照射进来,而下午则要沐浴在西面的阳光之下。如果阳光明媚,就像今天一样,我会选择在国宝夫人家的露台上结束看房之旅,在那里可以把科茨沃尔德的田园风光尽收眼底。我要确保自己面向北方,对着前车道,让客户面向南方,能看得见风景。我每次都会精心规划看房路线，力求达到最完美的效果。

昆汀告诉我，最初和最后的记忆非常重要。无论是晚餐、假期还是会议，人们记住的都是开始和结束，中间发生的事会渐渐模糊。所以如果你在假期开始和结束时都很开心，即便过程中感到枯燥无味也没关系。我尝试着将这个理论应用到房产销售中：把比较糟糕的体验安排在看房过程的中间，在看房开始和结束时，都要给人留下美好而愉悦的印象。

我们开车回伦敦时，约翰异乎寻常地安静，我也一路沉默着没有说话。当我们快开到城区时，他开口说道："你看他们聊的话题，全是关于这个人是什么来头，有多少钱，谁和谁上床了，没有人关心艺术，关心文学，关心这个世界上发生了什么。欧洲战争又要开始了，社交女王却在嘲笑朋友的隆胸手术很失败。"

"有点像那个场景，对吧？"

"什么场景？"

"就是《穿普拉达的女王》里面那个场景。梅丽尔·斯特里普和安妮·海瑟薇在巴黎时，安妮扮演的角色说：'如果我不想变成那样的人呢？'梅丽尔饰演的米兰达回答：'别傻了，安德莉亚——每个人都想成为我们。'"

"对，"约翰说，"就是这种感觉。这些人有种无知的傲慢，我很不喜欢。"

我也是这么想的。

2022 年 7 月 28 日

先导片终于发过来了。

大家围在我的电脑前,我点开了链接。

一阵激昂的音乐响起,随后是沙哑的美国口音的旁白:"如果你是亿万富翁、电影明星、当红歌手或顶流艺人,如果你想在伦敦寻找心仪的房产,你只需要给一个人打电话——他就是麦克斯·托马斯……"屏幕上飞速闪过伦敦各大高端房产项目(竟然还有白金汉宫,实在令人尴尬),旁边配着特大号的数字,有七位数的、八位数的和九位数的。然后画面切换到我走在国宝夫人家的草坪上。经过剪辑,我说的话简直毫无逻辑:"哈里和梅根……大卫和维多利亚……亲爱的朋友们……2000万……少一分钱也不行……没有人能做到像我这样……诚信、诚信、诚信……"

接下来的画面是达米安跟凯特调情,相拥着跨进浴缸(当然,两个人都穿着衣服),然后是约翰在霍兰公园散步的画面,有个旁白说:"客户、朋友和恋人的界限也没那么分明……"接下来又穿插了一些住在伦敦或者声称喜欢伦敦的美国名人的片段,有布拉德·皮特、麦当娜、格温妮丝·帕特洛……美国口音的旁白再次响起:"如果你想深入了解麦克斯和他的团队,如果你想了解超级富豪、名流贵族的罗曼史,"为了配合这句旁白,画面再次切换,达米安和凯特交换了一下眼神,而约翰和我竟然也交换了一下眼神（这是怎么拍到的?!），"请马上锁定英国最热门的房产真人秀节目。"

大家都沉默了。

我希望娜塔莎不要说话。

最后，约翰打破了沉默："很明显，这是为美国观众设计的，这样的节目收视率一定很高。最后这个镜头是怎么回事？是在暗示麦克斯和我有什么暧昧吗？"

"塔尼娅说用这种方式呈现才会有频道愿意播。"达米安不好意思地解释道。

我叹了口气："谢谢你付出的努力，达米安，但是我们不能做虚假宣传。这坚决不行。这样下去我们的口碑就毁了。"

"我可以再跟塔尼娅谈谈。"

"如果这就是他们找的角度，那这确实不适合我们。"

那天晚些时候，办公室里只剩下我和娜塔莎。

"你真好，没有幸灾乐祸。"我说。

"我并不喜欢证明自己是对的。"

"大多数人都喜欢证明自己是对的。"

"是这样。不过我不会火上浇油。"她对我笑了笑。

我参加真人秀节目以及在《舞动奇迹》一炮而红的梦想就这样破灭了。

2022 年 7 月 30 日

  这几天我一直在考虑奥斯卡奖得主房子的报价,犹豫很久,最后决定坚持最初的报价。我们可能会失去这个房子(我总是喜欢用"我们",尽管客户不一定把我看成自己人),但我还是觉得这是最合理的报价,而且我总感觉经纪人在虚张声势。

  我按下发送键,希望一切顺利。

  一分钟之后我就接到了经纪人的电话:"这就是你的最终报价吗?"

  我想了想,说:"是的。"

  "你确定?"

  "是的。"我说。这次的声音更加有力。

  "我们下周回复你。"

  "时间太长了,"我抗议道,"我们通常当天就能得到回复。"

  "他们有很多细节要考虑。"

  我才不信他。

August

八月

2022 年 8 月 1 日

"告诉大家一个好消息,弗拉维娅房子的过户手续办好了。"
我高兴地跳了起来:"太棒了!真为你和弗拉维娅开心。"
"谢谢你。"他声音很低沉,有点垂头丧气。
"怎么了?"
"没什么,很多事情你无法控制。"
"弗拉维娅离开英国了吗?"
"是的,她去希腊了。我多希望能在这里和她一起庆祝。"
"对不起,约翰。你还好吗?"
"我还好。我想起当年我妻子离开我时,我心如死灰,那时我就对自己说,如果还有机会再爱一次——就像现在这样——我会自由地去爱,珍惜我们在一起的每一个时刻,不管能持续多久。人生转瞬即逝，而爱是纯粹的，会以不同形式永存。"

"你说得真好。"我想象着他前妻的模样。

"可是对弗拉维娅，我不知道该如何放下。"

"真的很难。你打算怎么办？"

"像她一样，我也去地中海度假。"

2022 年 8 月 3 日

我的直觉是正确的：我们成功了！

卖方经纪人跟我们兜了三个月的圈子，用尽各种手段，最终卖家还是接受了奥斯卡奖得主的报价。

我没有在经纪人面前表现出沾沾自喜——胜利的时候更要保持低调——但我给正在意大利斯特龙博利岛拍电影的奥斯卡奖得主打电话时，还是难以掩饰我的得意。

"我很开心，我们没有提高报价就成功拿下了房子。"

"我也很开心，等我回来，9 月份我们举行一次庆祝晚宴。"

"好啊！"

6 月和 7 月生意萧条，但从 8 月开始，一切都好起来了。

2022 年 8 月 5 日

一走进办公室，我就感觉气氛有点紧张，没有人说话，娜塔莎满脸怒气。约翰没跟我打招呼，一直沉默不语。达米安不在。我坐下来，看到桌子上有一张纸，是一份小报的打印件，上面有亿万富翁的女儿和达米安的照片，标题是《弗洛伦蒂娜旁边的泳裤型男是谁？》。他们在照片中笑得很开心，我知道达米安周末在伊维萨岛，但没有问他和谁在一起。

"这是怎么回事？"我问道。

"我放在那里的，"娜塔莎说，"我觉得你应该看看。"

约翰问我是否知道这件事。

"我不知道，不过我怀疑过。"

"我一向认为人应该随心而行，我也是这么做的。不过，我们和亿万富翁有生意往来，达米安这么玩火是不是不太合适？"

"我同意约翰说的。"娜塔莎紧跟着说道。

我无权干涉达米安的恋爱，但这次他交往的对象是亿万富翁的女儿。即使亿万富翁和弗洛伦蒂娜关系疏远，关键时刻他还是会极力保护她，而我与亿万富翁的关系对我们的业务至关重要。

我需要跟达米安单独谈谈。

我先把娜塔莎和约翰支开，让他们去看看奇斯霍尔姆斯的房子。然后我给达米安发了一条信息，约他在办公室附近的咖啡馆见面，我们把那里称作"董事会会议室"。

达米安比我先到，他嘴角上扬，正在飞快地用手机打字，一定是在给弗洛伦蒂娜发消息吧。如果哪天他们感情破裂（这应该是必然的结果,而不是假设),真不知道会发生什么。我认识弗洛伦蒂娜已经十多年了,她会疯狂地报复每一个离开她的人。达米安是个好人,我很担心他。

"嗨!"他热情地跟我打招呼,站起身拥抱我。

"你周末过得怎么样?"

"好极了,我很喜欢伊维萨岛。"

"你看起来精神很好。"

"谢谢,麦克斯。你也是。"

"你和朋友一起去的吗?"我讨厌自己这么问,因为我已经知道答案。话一出口我就后悔了。

"算是朋友吧。"

咖啡馆老板朱利奥送来了我们点的菜品——达米安的鸡肉卷和我的扁豆沙拉。

我把打印出来的新闻报道放在我们中间的桌子上。

"娜塔莎给你的?"达米安问道。

"谁给我的不重要,对我个人也无关紧要,但这个事对我们的业务有影响。"

"真的吗?"

"达米安,我认识亿万富翁很久了。我知道他为人处世的方式,也知道他有多么复杂。和弗洛伦蒂娜在一起,会给你带来大麻烦,他会把任何接近他女儿的男人都视为敌人。而且……如果他认为我在暗中支持这段关系,那就更糟糕了。这跟你是谁无关,是亿万富翁的问题。"

"如果我喜欢她呢?"

"你喜欢她吗?"

"我简直不敢相信我们居然在聊这些。"

"老实说,我也没想到。"

我们俩同时看着盘子里的食物。

"我只能说我喜欢她,你到底想问我什么呢?"

"我也不知道我在问你什么,达米安。"我用叉子叉了一些芦笋,放进嘴里。我想到了摄政公园房子的佣金。"小心点。所有的小事他们都会记着。不光是亿万富翁,还有弗洛伦蒂娜。"

"你这话是什么意思?"

"你怎么去的伊维萨岛?是和弗洛伦蒂娜一起坐她父亲的飞机去的吗?"

"是的。"

"你得注意点。"

"哦?"

"达米安,我并不是要干涉你的私生活。"

"你是在帮娜塔莎监督我。"

"我只是想说,和亿万富翁的家庭牵扯到一起很危险。我见识过他们的手段。他们只看重金钱和利益,精神上极度空虚,对人冷酷无情。你有用的时候把你当自己人,你没用的时候会马上把你一脚踢开。"

达米安咬了一大口卷饼，看着我说："我只是图个开心，麦克斯，我会处理好的。"

"那就好。"

"谢谢你关心我。"

"我是担心你，也担心我们和亿万富翁的关系。既然说到这了，我还想问问：你和娜塔莎之间是怎么回事？"

"我们没什么。"

"我觉得你们俩好的时候，都比现在要快乐。"

"维系一段感情很难。"

吃完饭，我们回到办公室，约翰和娜塔莎死死地盯着我们。我装作面无表情的样子，不想让他们看出什么。达米安并不拜金，但是这种惊人的财富很容易让人迷失，而且不会带来幸福。弗洛伦蒂娜就是典型的例子。

2022 年 8 月 7 日

凯特通过她朋友的朋友找到了一栋位于南肯辛顿的老房子。之前是艺术家的工作室，朝北的窗户有两层楼高。房子在三楼，很像 19 世纪的鸦片馆：房间中装饰着暗红色的天鹅绒面料，地板上散乱地堆放着巨大的垫子，散发出腐臭的气息，窗户和梁柱上布满蜘蛛网。凯特若无其事地说，以前住在这里的是一个信托基金经理，吸毒成瘾，因服用过量药物而死亡。

"你的意思是他死在这里了？"我问。

"是的。"

"你怎么不早点说？"我抗议道。

"你想怎么样，穿上防护服吗？"

"我不知道……难怪这里感觉像太平间。"

基金经理的弟弟（和他哥哥一样放纵堕落）继承了这个房子，但从屋内的陈设就能看出来，他根本就没有维护过。他哥哥去世后，他也没有请人来打扫过。

凯特说："他住在苏格兰边境附近，他说不想开车过来，因为城市让他焦虑。"

"这个房子也让我焦虑。"我看着水槽里的锡纸和烧焦的勺子说。

当凯特告诉我她最后谈下来的价格是每平方英尺不到1000英镑时，我差点尖叫出声。她是怎么谈的？我也是干这行的，从没听说过这么便宜的价格。

经纪人对房产的估价通常是以平方英尺为单位。我们现在所在的南肯辛顿，价格范围是从每平方英尺1400英镑（对应的是条件较差的地下室公寓）到每平方英尺4000英镑（对应的是昂斯洛广场的公寓的二层）。衡量标准通常还包括房子的软硬件设施、所在楼层以及所处街区的位置。这个房子即便是曾经有人吸毒死亡、卫生条件不佳，价格也绝不应该这么低。

"赶紧买下来吧。"我说。

"我已经买了。"她笑着说,"我从来都是毫不犹豫,出手迅速。"

她今天是带我来参观的,顺便见几个建筑师,她还准备请人来做深度清洁。

"这个房子确实需要深度清洁。"我说。

"不,麦克斯,我的意思是,我想找人来净化一下气场。我在洛杉矶时经常这样做,如果一个房子之前气场很好,但突然有一天我感觉不对劲,那我就会做一次净化,让它恢复以前的气场。"

"凯特,你真的相信那些东西吗?"我问道。

"当然相信。"

"好吧。"我无话可说了。

她往沙发上一坐,扬起了一大团灰尘,她又赶紧站起身。

"我想把这里改成度假用的短期住所。只保留一间主卧套房,上下两层其他地方全打通做成娱乐休闲空间,我不需要多余的卧室和浴室。你觉得呢?"

"以我的经验,一居室的公寓很难卖出去,但我认为你是对的。按自己的喜好去设计吧,不用妥协。每个房子都能遇到喜欢它的买家。"

"嗯,我首先考虑的是自己住得舒服。你知道我最喜欢翻新房子。"

凯特认识一些洛杉矶的投资人,她让我做一份计划书,她说那些投资人可能会请我们去洛杉矶洽谈合作。我对房地产市场有敏锐的直觉，但是我不太擅长做图表和数据分析，也不喜欢预测市场前景。谁能真正预测市场呢？没有人预测到新冠疫情，也没有人预测到希特勒会如此疯狂，可恰恰是这些世界性的大事件决定了市场，而我们能做的只有应对，努力去发现趋势，发现哪些板块有升值的趋势或已经升值，以及将来是否还有升值空间。诺丁山的房产库存有限，而它的受欢迎程度越来越高，这就意味着诺丁山的房价必然上涨。女王公园是正在崛起的明星板块，小威尼斯也是。我认为菲茨罗维亚[1]和那些乔治亚式建筑的价值都被低估了。我更看好海格特[2]，当然这就纯属个人偏好了。

2022 年 8 月 9 日

去国宝夫人家看房的客户没有我想象的那么多，也没有出现预想中的疯狂竞争。社交女王一个客户都没带来。我一直提醒自己，乡村住宅市场不如伦敦房产市场火爆。我们带大约

---

1 菲茨罗维亚（Fitzrovia）紧邻牛津街的金贵地段，被称为"伦敦最有影响力的地区之一"，也曾被《星期日泰晤士报》评为"伦敦最适宜居住的区域"。
2 海格特（Highgate）是从 14 世纪后期发展起来的成熟居住区，很多贵族和富商在这里购买山坡上的土地，到 18 世纪演变成一个小镇。这里遍布乔治亚式建筑，既能从高处俯瞰伦敦市中心的美，又能拥有 18 世纪英国乡村原始的质朴之美，是人们向往的理想居住地。

二十位客户看过福蒂斯丘的房子，有三位客户报价，价格与国宝夫人房子的价格相近。可能人们对自己梦想中的乡村别墅有非常明确的要求：安妮女王风格或乔治亚风格的建筑，拥有广阔的草坪、游泳池、网球场和马场，能够欣赏田园风光，位置要靠近村庄边缘，占地五六英亩。

国宝夫人的房子是1910年建造的，有别于简·奥斯汀笔下的奢华庄园。现在是8月，也许人们都还在国外度假吧。不过今天有对夫妇要来看房，在开车过去的路上，我打开有声书——由作者珍妮特·温特森[1]本人朗读的自传《我要快乐，不必正常》。我非常喜欢她，在讲述自己的成长过程时，她总是有一种不动声色的幽默。我希望今天能快点结束看房，回到车里，在返回伦敦的路上继续听一个半小时的珍妮特。

这对夫妇准时到达了，看到我时面带微笑。我感觉这次也许会不太一样，于是暂时丢下了珍妮特，专心陪他们看房。

两个人很有眼光，一下子就"看懂"了这座房子：既看到了房子所有的优点，同时也很清楚房子哪里需要翻新。即使可以由经纪人代表他们谈判，他们还是直接坦诚地告诉我，他们很想买并且打算报价。很多人觉得不应该向对方经纪人透露真实想法，但我很欣赏他们的坦诚，只有坦诚才会赢得信任，特

---

[1] 珍妮特·温特森（Jeanette Winterson），最具争议性的英国当代作家。2016年，温特森入选"BBC 100位杰出女性"名单。代表作有《橘子不是唯一的水果》《写在身体上》等。

别是对国宝夫人这么好的人——她刚刚和家人在花园里吃完午餐，此刻正热情地帮这对夫妇规划他们未来在这里的生活。我了解到，他们已经两次和自己喜欢的房子失之交臂，所以对这座房子志在必得。

下午开车回伦敦，迎着微风，行驶在乡间小路上，我开心地哼起了哈里·斯泰尔斯[1]的《正如它原来的样子》(As It Was)，"只有我们，只有我们"。我感到浑身又充满了力量，前途一片光明。

车子驶上 M40 公路，我打开有声书，继续听珍妮特。

2022 年 8 月 10 日

"终于！终于！哦！耶！耶！"我欢呼着走进办公室。三双惊讶的眼睛齐齐看向我，大家的脸上都写满问号。

"亿万富翁那里可以开放看房了。"

达米安像小狗一样兴奋起来，说他手里有一长串的客户名单，都可以带过去看。

"别急，"我提醒说，"这是亿万富翁的房子。我们拿不到钥匙，只能通过清洁女工来安排。她会扮演监察员的角色，要求我们提供每个来看房的人的背景资料，包括银行评级、完整履历、信用调查，等等等等。"

---

[1] 哈里·斯泰尔斯（Harry Styles），英国男歌手、演员，演唱团体"单向组合"（One Direction）成员。

2022 年 8 月 12 日

奥斯卡奖得主那套公寓的过户手续终于办好了。虽然过程有些坎坷，拖延了一段时间，但一旦达成协议，后续就都非常顺利了。

我给奥斯卡奖得主发消息表示祝贺，并感谢她选择了我们。很快，我收到了她的回复："不，是我要谢谢你。"

我会好好珍藏这条消息。

2022 年 8 月 15 日

我们的生意正式进入淡季。达米安又开始每天健身，这说明我们带客户看房的机会不多。娜塔莎和皮尔斯一起去了苏格兰，而约翰去了地中海。我选择留守大本营，我要在所有人都去度假的时候把握商机。

2022 年 8 月 18 日

今天去萨拉的新家吃晚餐。

我看过的许多房子都千篇一律，缺少个性，完全看不出主人的品位和喜好。而萨拉才搬过去一个月，已经把房子布置得像住了许多年的家一样，这真是一种天赋。沙发上盖着手工织毯，墙上挂着朋友们的艺术作品，还有从母亲家带来的雕刻着时光的老物件，这些元素巧妙而随意地组合在一起，营造出一种舒适、温暖的生活氛围。简而言之，这就是家的感觉。

她还请了三个新邻居一起吃饭，是一对夫妇，还有一个叫珀西的单身女子，据说是伦敦南部一家公共画廊的艺术总监。萨拉把厨房和客厅打通了，大家一起准备晚餐，喝着玫瑰酒，有说有笑。几个孩子在花园里玩蹦床，然后又去游泳，狗狗恩佐也加入了他们，笑声、叫声此起彼伏。

这真是一个完美的夏夜，看到萨拉在新的环境中如此开心，我心里也觉得暖暖的。

2022 年 8 月 20 日

对国宝夫人的房子感兴趣的那对夫妇找我帮忙联系建筑师，我安排了他们和当地的明星建筑师克里斯蒂安见面。克里斯蒂安就住在科茨沃尔德，他所擅长的也是符合当地特色的设计风格。

克里斯蒂安能力出众，为人又很谦逊。那对夫妇还没来，我先带他四处转了转，他立刻有了构想：在厨房外建一个朝南的橘子温室，与客厅形成对称。我们一致认为，国宝夫人的房子最突出的特点是，尽管面积很大，却并不让人觉得空旷，主体部分布局紧凑，侧楼在不用的时候可以随时关闭。

那对夫妇到了，我让克里斯蒂安和他们好好聊聊，我去接待另一对来看房的夫妇。我通常不会等一批人走了之后再安排另一批人来，而是让他们的看房时间有重叠，这样可以制造紧迫感和竞争氛围。

第二对来看房的夫妇也令人欣喜，他们的年纪在 35 岁左右，丈夫做私募股权投资，妻子是位艺术家，两个人正计划着要孩子。我带他们参观了一圈，然后让他们自己再随意看看。这对夫妇态度友善，说话也很和气，想必生活中没有什么不如意的事。当然，我们永远不知道别人的真实情况，但至少从表面看，他们应该是挺幸福的。

2022 年 8 月 22 日

我接到了两位买方经纪人的电话。正如我所希望的，看房时间的重叠成功地激发了他们的竞争欲。

我又可以大胆地畅想一下未来了。

约翰说他现在正在快艇上，但还是追不上弗拉维娅的船。

2022 年 8 月 23 日

最近生意比较冷清，我再也没有借口逃避办公室的行政管理工作了，我决定今天好好了解一下英国税务海关总署关于 KYC[1] 和反洗钱（Anti-Money Laundering，简称 AML）的最

---

1 KYC 是指"了解你的客户"（Know Your Client）。这个规定要求每个银行或金融机构建立一套完整的合规体系，对客户进行充分的背景调查，以防范风险。

新规定。现在，我正式成为公司的合规官，因为其他人都拒绝做这个工作。

在我看来，这些严格的规定是很有必要的，但最好由产权转让律师来拟定。最近这些年，通过超级豪宅的买卖，一笔笔巨额资金涌入伦敦。如果不做尽职调查，任何人都可以来伦敦斥巨资购买梅费尔的联排别墅或萨里郡的庄园，这里面一定会有动机不良的人，比如有个哈萨克斯坦人以高出要价数百万英镑的价格购买了安德鲁王子的豪宅Sunninghill Park[1]。政府现在已经意识到了这一点，调查资金来源成为头等重要的事。

我仔细核查着每一笔交易记录，检查是否有合规证书、产权文件、水电费账单和资金证明，以及是否通过专门的合规公司对买家和卖家进行过核验。

对于在伦敦购房的超级富豪，政府出台了一系列特许政策，我对此怀有一些疑虑。我不赞成针对非居民[2]的税收政策，也不明白为什么同样生活在英国，非居民就能比本国居民少缴税。

---

[1] 安德鲁王子是已故英国女王的次子，在他和前妻萨拉·弗格森结婚时，女王送了他们一栋豪宅Sunninghill Park作为礼物。这栋豪宅在2007年以1500万英镑的价格售出，比要价高出300万英镑。

[2] 非居民指居住在英国，但声称在另一个国家拥有永久居留权的人。非英国国籍意味着他们可以选择在抵达英国后的15年内不为在国外赚取的收入和资本收益纳税，只要他们不将任何资金转移到英国。他们中的许多人都非常富有。根据伦敦政治经济学院和华威大学的研究，2018年，年收入500万英镑的英国居民中，超过40%的人声称自己不是英国人。根据英国税务海关总署的数据，到2022年，英国大约有6.88万非居民。

我也不认同所谓的滴流效应[1]。教师、医生、律师等等都要正常缴纳所得税，而超级富豪只需把大额资金都存入海外账户，就不用为那部分收入或收益缴税，实在是荒谬。

我知道有几个非居民身份的富豪已经离开了伦敦，在海外待满7年，现在又可以回来重新申请非居民身份。现行法律是允许这样做的。我们为什么要让这种钻空子的事情发生呢？

有个自称"企业家"的人打电话给我，问我伦敦有没有性价比高的房产项目，他说他只关注那些由于市场环境欠佳而不得不低价抛售的项目。

"为什么？有什么特别原因吗？"我问。

"因为物超所值啊。"他好像在回答一个幼儿园的孩子提出的问题。

"我知道。但如果只是物超所值，却并不适合你呢？"

"没什么不适合的，你见过我在伦敦买的房子，是不是很棒？"我见过，但我不觉得有多棒。房子临街，喧闹嘈杂，噪声污染特别严重。可是他很喜欢，因为是超低价购入的。

"你能以最实惠的价格买到最理想的房子，真替你开心。"

他说："我还想让你帮我留意，有没有更实惠的房子。如果能找到，我会额外付给你一笔介绍费，这样你是不是就更有

---

[1] 当经济增长到一定程度之后，对穷困者所能提供的生产要素的需求会增加，导致这些生产要素的价格提高，这样经济发展的成果最终会滴落到穷人身上。这被称为"滴流效应"。

动力了？"

我真想大喊一声，我才不想服务你这种客户。

"我妻子米歇尔总是说房子是用来住的。我告诉她，我们要找的不是一个家，而是资产。"

我现在已经确定不会和他合作，只是礼貌地表示会帮他留意的，然后就挂断了电话。

我想起奥斯卡·王尔德的一句话："人们熟知一切事物的价格，却对它们的价值一无所知。"

2022年8月26日

今天是第一次带客户去看亿万富翁的房子。

亿万富翁对未来的买家连起码的尊重都没有，骂他们是"废物""穷鬼""白痴"，还说他们更适合去卡姆登[1]买房子。其实客户没有做错什么，只是因为他们临时决定在法国南部多待几天，推迟了看房时间，就激怒了亿万富翁。我给他打了四个电话道歉，说好话，他才勉强同意让他们来看房。

亿万富翁的脾气总是这么暴躁，我也不知道究竟是为什么。我有种感觉，他一定是遇到了不顺心的事，所以想找人吵架。我从他的清洁女工斯韦特兰娜那里听说，他和几个儿女都闹崩

---

[1] 卡姆登（Camden）位于伦敦西北部，是一个混合多种民族文化、多彩夜生活并充满活力的地方。

了,这个夏天也没人去游艇上看望他,这让他的心情更加恶劣。

我请他看在我的分上消消气,最终他缓和了下来。每次我们都要玩这种猫捉老鼠的游戏,他是不是以为我真的愿意忍耐他?

来看房的这对夫妇年轻、富有,穿着范思哲的套装(跟房子的风格很匹配,我认为这是个好兆头),有司机在门口等候。他们来自东欧,但不清楚具体是哪里。我看不出他们对房子的想法,他们也没有透露太多,但问的问题都挺到位。他们委托的经纪人我认识,是个值得信任的人。经纪人跟我说,这对夫妇很有诚意购买。

他们刚离开两分钟,我就接到了亿万富翁的电话。

"为什么让他们来看房子,浪费我的时间?"

"我不这么认为,我感觉他们很喜欢这个房子。"其实我并不确定他们是否喜欢,但在亿万富翁面前只能强撑着。斯韦特兰娜肯定收到了指示,客户一离开,她就要立刻向亿万富翁汇报。

"房子我不打算卖了,太麻烦了。去他们的吧!"

我真不知道这给他带来了什么麻烦,也不知道客户到底做了什么让他如此愤怒,但我明确地知道,这只是一段漫长而痛苦的旅程的开始。娜塔莎曾经祈祷福蒂斯丘的房子能快点卖出去,现在我也迫切希望能尽快为亿万富翁找到买家。

2022年8月27日

我一手拿着巧克力面包,一手端着咖啡,往肯辛顿广场走。昨天晚上被亿万富翁灌醉了,我没吃晚餐,只喝了几杯葡萄酒,现在还有点宿醉未醒。我的头昏昏沉沉,拐弯时没站稳,撞到了一个人。

抬头一看,竟然是斯利克!

咖啡没有洒到他身上,我的衬衫却湿了一大片。

我下意识地道歉说:"对不起,对不起。"

"麦克斯,你干什么呢?"我狼狈的样子全被他看到了,真是尴尬。

"你怎么会在伦敦?"

他满意地笑了,看来这个问题正中他的下怀。

"我只待一天就走,特蕾丝和孩子们都在埃尔科莱[1]。"

"哦。"

"我们刚刚卖掉薇拉的公寓,成交价创了纪录,我得在这里盯着,怕万一有什么闪失。"

"这样啊。"

"快把衣服处理一下吧,老兄。"他正准备离开,又转身补了一句,"要不要我向薇拉转达你的祝贺?"

---

[1] 埃尔科莱(Porto Ercole)是意大利托斯卡纳的一个小镇,景色非常迷人。

"好，请帮我转达。"我咬牙切齿地说。

广场的大门开着，我走进去，坐在长椅上。薇拉的这个单子本应该是我的，公寓是我帮她找的，她是我的朋友……好吧，应该说她曾经是我的朋友。

我把剩下的巧克力面包塞进嘴里，低头看了一眼被咖啡弄脏的衬衫。我真想大声尖叫，发泄一下心中的郁闷。

四年前，薇拉和丈夫离婚了。有个共同的朋友介绍我和薇拉互相认识，我们聊得很投机。

薇拉是美国人。比起英国人，美国人会采取更直接的方式，积极主动地寻找新的伴侣。薇拉定制了高端婚恋服务，还下载了好几个交友软件，不过，用了两个星期后，她觉得有点失望（确实不太好用）。她让私人助理先帮她筛选资料，只留下和她的条件、需求相匹配的人。助理每个周末发给她一个合格候选人的短名单，这样就能节省她不少时间。

我想说，薇拉真是个天才。

以前我一直以为只有在工作中才需要助理，我不明白为什么很多人在生活中也要聘请助理。见识了客户的生活以后，我才终于明白，越奢华的生活越需要助理。助理负责挑选餐饮供应商、安排度假别墅、管理奈特杰航空[1]的账户、规划日程、预约私人教练、维护多处房产、租赁游艇等等。此外还要负责办

---

[1] 奈特杰航空（NetJets）成立于1964年，是第一家私人公务机包机和飞机管理公司。

理所有俱乐部会员的资格，组织各种聚会，对接瑜伽师、按摩师，制订美容疗程，包括肉毒杆菌注射、足部护理等。如果客户的某个员工休假了，助理还要充当临时工。总之，助理要做的事实在太多了！

我又想起了菲茨杰拉德的名言：有钱人和你我是不一样的。这种奢华的生活给他们带来无尽的"烦恼"。当他们听说我只有一处房产（一套两居室的公寓）时，露出了羡慕的表情，觉得我实在是太幸福了。有个客户对我说："我做梦都想过这样简单的生活。"

薇拉出身于一个富有的家庭，所以她在交友或择偶时会格外看重对方的阶层。这就是她那个世界的运作模式。薇拉会随时抛弃那些不再有利用价值的朋友，我没想到自己有一天也会出现在这个名单上。

她曾经邀请我去她在加勒比海的别墅度假。我第一次窥见另一个世界——这个世界没有在机场排长队的烦恼，也没有任何生活琐事的困扰。那是我人生中第一次坐私人飞机，到达法恩伯勒机场后，不到5分钟我就被送上了飞机。我极力假装对这一切已习以为常的样子，可很快就露出了马脚。我坐到了埃斯特尔（薇拉的母亲，一个强势的女人）的座位上，空姐不得不走过来温柔地提醒我。

当时是11月，伦敦最阴冷潮湿的季节。7个小时后，飞机降落，舱门打开，温暖的加勒比海气息扑面而来。一位官员走进飞机，给我们在相关文件上盖章。埃斯特尔的助理负责保管护照、处理行政事务，搬运工负责运送行李，我们需要做的就是走出机舱，等待汽车来接。这是我从未体验过的出行方式。

薇拉的别墅宛如一座城堡，设计风格结合了自然元素、文化元素和舒适性，整个空间既现代又充满艺术感。别墅配有黑色火山岩私人泳池，在隐世的美景中呈现出优雅和奢华。

通过这份工作，我认识了很多超级富豪。我觉得能把生活过好需要一点智慧。这里的"好"并不是指富有或者体面——当然这两点也很重要，我说的"好"是指善用财富。那些乐于分享和付出的人是最幸福的，他们既珍视财富的价值，也感恩自己拥有的幸运。通过分享和付出，为他人带来快乐，自己也会更加快乐。

薇拉显然还没有达到这个境界，但她知道怎么花钱，怎么让自己的生活更舒适，并且愿意让家人和朋友跟她一起享受。

我对那次旅行最深刻的记忆就是和薇拉一起坐在沙滩上喝酒聊天。在那个远离尘世的小岛，仿佛所有的人间烦恼都不复存在。我一直以为薇拉不只把我当经纪人，也把我当作密友，现在才发觉那只是我的一厢情愿。她明知道斯利克和我有过节，却还是把房子委托给他代理，这让我感到非常难过。

回到办公室，我决定给薇拉写一封信。

亲爱的薇拉：

  我今天遇到了斯利克，他告诉我你的房子卖掉了，成交价很高，恭喜你！房子的品质非常好，能卖到这个价格，我一点都不意外。

  我以前跟你说过我和斯利克之间的矛盾，我能理解在商言商，但还是希望你在决定委托他之前跟我说一声。你这样做破坏了我们的友情，也破坏了我的专业形象。大家都知道我们是朋友，你的房子也是我帮你找的，可你卖房子的时候却委托斯利克代理，大家会认为是我做得不够好，所以你不再信任我。

  我很感激过去这些年的友谊，正是因为太看重这份友谊，我决定如实说出我对你的失望。

  永远祝福你。

麦克斯

  薇拉的回复很平淡。她没有道歉，但"解释"说她是最后一刻才决定的：她在街上偶遇斯利克，他说他正好有一个合适的买家，那时她正赶往机场准备飞往国外，匆忙之间就这么决定了。她说我们的友谊对她来说非常重要，等她回伦敦了我们一起吃个饭。

  我也不知道自己在期待怎样的回复。

  我记得昆汀说过，你必须先想清楚自己想要什么，这样才能知道如何达到目的。

我的目的就是发泄不满的情绪。

昆汀的另一个观点是"你负责做好你的事，我负责做好我的事"。

我现在就是在做好我的事。

2022 年 8 月 30 日

国宝夫人的房子，目前有两个客户感兴趣。我打算组织一次竞价，让他们分别提交报价。

他们正在做尽职调查：计算装修费用，汇总年度运营费用（包括雇用两名园丁、一名管家的费用，还有屋顶漏水维修费、取暖费等），做土地开发预算和三栋乡间别墅的改造预算。不过我不希望他们过度沉迷于这些数字和预算，我有点担心最后算出来的结果会把他们吓退。

在房产销售的过程中，你要知道如何保持好的销售势头，这一点非常重要。作为经纪人，你要在势头最好的时候，推动客户提交报价。

人的心理各不相同：有些人如果意识到他们会失去某些东西，就会迅速做出反应，想方设法积极争取；而有些人则会选择放弃，因为他们不想承受失去带来的痛苦，于是说服自己打消念头，这也是一种自我保护机制。

通常情况下，如果一个东西迟迟得不到，要费尽周折，不断竞争，很多人就会渐渐失去兴趣。时间长了，他们会发现得不到也没什么损失，太阳还是照常升起，日子该怎么过还怎么过。

房产销售是这样，谈恋爱也是这样，我觉得两者是有共通之处的。

September

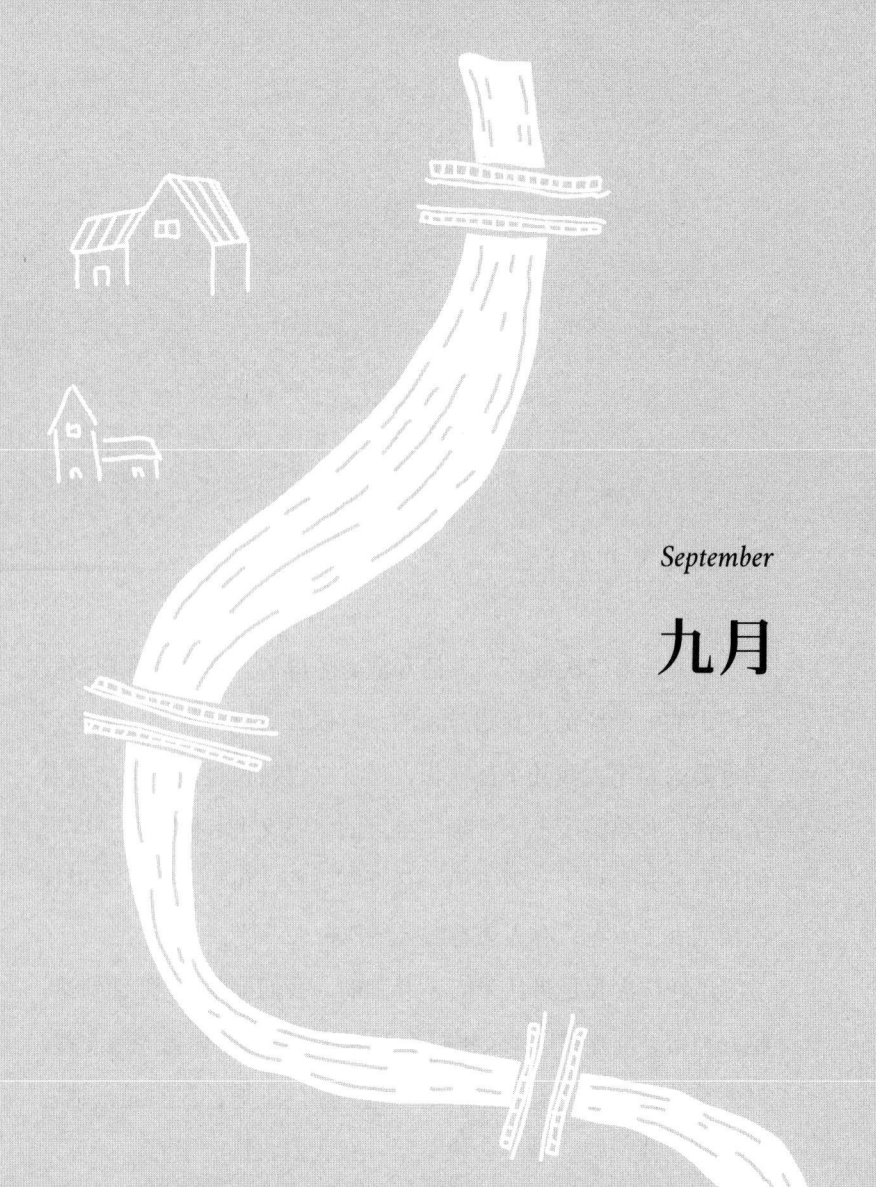

九月

2022 年 9 月 1 日

今天是第二次带客户看亿万富翁的房子。这次的客户是我不认识的一个经纪人介绍过来的，所以我有点不放心。伦敦那些重要的经纪人我几乎都认识，但从来没听说过他。他给我看了证件，我核验了一下，确实是真的。我又上谷歌搜索了客户的信息，并告诉了亿万富翁。亿万富翁答应得很勉强，还说这次清洁女工不在，有人来看房会给他带来不便。

还好这次我是带达米安一起来的。我们提前 15 分钟到达，拉开窗帘，推开窗户，又把灯全部打开，让房子显得亮堂一些。亿万富翁派了一个女佣接替斯韦特兰娜的工作，很明显，她就是来监控我们的。她不会说英语，在我们收拾房子时，一直紧紧地跟在我们身后。

一切准备就绪,我坐在餐厅靠窗的座位,从那里可以看到前门。约定的时间到了,一列车队在门口停了下来:一辆、两辆、三辆、四辆、五辆、六辆、七辆。车门打开,一群人走下车。这些人是干什么的?现在是市场淡季,他们不可能是来看房子的,可是为什么车队会停在切斯特这栋待售别墅的外面?

我看向达米安。

"事情有点不妙。"他也感觉出不对劲了。

必须阻止他们。

我走出前门,达米安站在我身后,准备拦住想进入房子的人。我向前伸出手掌:"你们不能一起进来!"我试图在人群中找出那个经纪人,"很抱歉,我们只能允许两个人进来看房子。这是我委托人的特别要求。"

那群人一脸困惑,转过头去用阿拉伯语交头接耳。一个腰上系着爱马仕 H 字母扣皮带的男人走了出来。

"嗨,我是他们的经纪人,我叫拉维。我们只有今天一天时间,所以都要进去看,一会儿还得去买点东西。"

我权衡了一下。我不想失去成交的机会,但我更怕把骗子放进来会惹得亿万富翁暴怒。几年前有个"假酋长"经常出现,带着类似今天这样的车队和随从(这类客户一般都这样,倒是并不稀奇)看房子。他们一进入房子就分散开来,四处走动,一个经纪人根本没办法看住这么多人。假酋长假装问问题,吸引经纪人的注意,而其他人趁机把房子里的贵重物品洗劫一空,包括珠宝、劳力士手表、抽屉里的现金等等。虽然假酋长在48小时后就被抓获归案，但在此之前他已经用同样的手段作案七次，作案地点都是在售价超过2000万英镑的房子里。

"不好意思，这是硬性规定，我只能带一位客户和他的同伴进去参观，这是我的委托人明确要求的。"

"你能不能给他打个电话？"拉维提议说，"我们时间很紧。"

"我可以肯定地告诉你，给他打电话也改变不了什么。要么派两个人进去，要么你们都回去。"

我们互相对视着。

"好吧。"他转过身跟身后这群人用阿拉伯语说了些什么，然后一个从头到脚蒙得严严实实的女士走了出来。

"我会在外面等候。"拉维主动说道，"族长和哈立德进去看房子。"

我和达米安一起带他们看了一圈，他们全程一言不发，只是寸步不离地跟着我们。这次看房速度特别快。我们刚一出来，车子就开始发动。他们上了车，迅速离开了。

2022年9月3日

我做完了所有合规检查，更新了所有文件夹，心情非常愉快，有种说不出来的满足感。

就在这时，拉维打来电话。

"客户对房子有兴趣。"他说。

"太好了。"我有点意外。

"要价多少?"

"1800万。"

"你的佣金是多少?"

因为是亿万富翁的房子,我的佣金比例会低一些。

"0.5%。"我告诉他。

他说:"那不行。"

"那你们的想法是……我的委托人很务实,如果你们接受要价,我们再继续谈。"这是真的。

拉维突然大笑起来:"你不会拿到这个数的,我们需要从中抽走25万英镑。"

这回轮到我笑了:"那比我的佣金还多。"

"和你的委托人谈谈吧,我们有现款,钱可以马上到账。"

"我会和他谈的,但还是我刚才说的,要价不会降。"

我可不想和亿万富翁谈这个话题。

2022年9月5日

法国人说到"la rentrée",通常是指夏季假期结束了,学生返校,上班族返工。我现在就是这种状态,我想象着办公室里的电话铃声此起彼伏,一个又一个的单子签约,各个项目都在火热进行中，前景一片光明。但实际上，此刻办公室里静悄悄的，只有我一个人。达米安还在伊维萨岛与弗洛伦蒂娜一起度假，娜塔莎今天从苏格兰回来，约翰正在琢磨着选择哪种交通工具：坐游艇还是私人飞机？或者在人们都返工的时候趁着人少再多待一周？

我鼓足勇气，准备给亿万富翁打电话。之前我一直拖着，给自己找了个借口说8月份打扰客户度假是很不礼貌的，现在9月了，我再也没理由拖下去了。

"您好吗？假期过得怎么样？"

"很好。房子的事有进展吗？"

"有个中东客户有意向购买。"

"嗯。"

"我们正在沟通报价。"

"那好。"

"有个事不知该怎么说，您知道我从来不会这样做生意，可是他们……他们想要返佣。"这个问题不能回避，我必须如实说出来。

"你说什么？"亿万富翁的语气变得严厉起来。

我看向同事们空荡荡的座位，就好像他们都坐在那里，能告诉我如何回应，更重要的是，告诉我如何说出25万这个数字。

"他们要返佣、酬金、激励费，还有给中间人的费用，好像有好几层中间人。"我咬咬牙，还是照实说了。

"那就给他们。"亿万富翁有时逻辑极其严密,"这就是生意。"

"问题是,他们要的比我能拿到的全部报酬都多。"

"什么意思?"

"他们要 25 万。"

"很简单。告诉他们要价是 1850 万,这样我们都不亏。"

这是毫无疑问的,可问题是我已经告诉他们要价是 1800 万,就连这个价格他们都觉得太高。

我跟亿万富翁一说,他立刻回答:"告诉他们你搞错了。"

看,就这么简单。

我曾经听我父亲讲过他的一段经历。那是 20 世纪 70 年代初期,他在纽约一家知名艺术画廊工作。当时是午餐时间,他在值班,一个顾客走了进来。那个顾客看中了大卫·霍克尼的一幅画,我父亲告诉她售价是 10 000 美元,顾客说她是画廊老板的朋友,老板承诺过可以给她友情价,9 折优惠。我父亲知道这幅画的进货价是 4000 美元,9 折是没有问题的,所以很痛快地给她打了折。画廊老板吃过午饭回来,我父亲激动地向他汇报说,自己刚刚卖掉了一幅画,还特意补充说顾客是老板的朋友,他给了她一个友情价,9 折。

结果老板怒吼着说:"托马斯,你真没用!如果有人进来说是我的朋友,你就要先把价格提高 20%,然后再给他 10% 的折扣。我的友情可不是免费的。"

这是我父亲学到的宝贵一课，如今我也学到了。所有客户，包括亿万富翁在内，无论一个东西售价是多少，他们都不会去计较是否合理，他们只想要一个力度很大的折扣，这样他们会感觉买得很划算。

就是出于这种心理，亿万富翁给他儿子买下摄政公园的房子，可以说买得非常失败。这个房子在市场上挂牌三年都没有卖出去，亿万富翁以 7 折的价格买了下来，创下伦敦高端房产市场最低折扣的纪录，他觉得自己捡了个大便宜。而实际上，业内人都知道，这个房子连 7 折的价都不值。他在买房子之前没有跟我商量，我想他后来已经发现自己错了，但他永远都不会承认。

可以很自豪地说，亿万富翁委托我做经纪人的时候，从来没有犯过类似错误。我会委婉地提醒他，要价并不等于实际价值，那只是个粗略的估算。有些经纪人和业主要价虚高，有些则符合实际。我是能够区分出来的。

现在我知道该怎么回复拉维关于返佣的问题了，我打电话给他。

"嗨，拉维，我和我的委托人谈过了，如果你们能按要价支付，他可以给你 25 万返佣。"

"那太好了，"拉维说，"我稍后回复你。"

"还有一件事，"我赶紧补充道，"再跟你确认一下，要价是 1850 万。"说完这句话，我真想马上挂断电话。

"你那天说的是 1800 万。"拉维说。

"恐怕是我搞错了。"我尽可能说得轻描淡写。可是一想到拉维要那么高的返佣,我觉得我出尔反尔也没什么不对。反正他怎么都是赚。

2022 年 9 月 8 日

娜塔莎牵着爱德华勋爵走了进来,看起来心情很不错。

"苏格兰怎么样?"我问。

"太美了,空气特别好。"

我注意到她手上戴着订婚戒指。

她说:"是的,我和皮尔斯正式订婚了。12 月 4 号那天一定要空出来,我们将举办一场冬季婚礼,希望我父亲能见证我的婚礼。"

她这句话似乎包含了很多信息。

"恭喜你!真为你高兴!你父亲那怎么样?"

"谢谢你!我父亲情况不太好,但我和皮尔斯结婚,他特别开心。"

我终于懂了。

2022 年 9 月 11 日

我接到了达米安的电话。

"我能在伊维萨岛多住几天吗？我和弗洛伦蒂娜的朋友都混熟了，至少挖掘了两个客户。"

"当然可以。"

学校快开学了，父母们通常会在这个时候去彼得·琼斯[1]给孩子买衣服和鞋，让管家缝上名签。孩子开学以后，父母们得好好缓几天，恢复一下元气，然后才有精力关注新的房产项目。

人们喜欢在暑假期间规划未来，坐在泳池边或海边，思考什么是最重要的。有些人想搬到乡下；有些人则想在房价低一些的地段买个更大的房子；有些人的孩子上了寄宿学校，开始考虑再买一套新房子。

一般来说，陪孩子过完暑假之后，大多数父母都希望能早点把孩子送去寄宿学校。原来是孩子 13 岁的时候上寄宿学校，现在提前到了 11 岁，有人甚至提前到了 8 岁。

---

[1] 彼得·琼斯（Peter Jones）是伦敦上层阶级最爱逛的百货公司之一，凯特王妃每到节日必定会去那里采购，据说小王子和小公主的校服都是在这家百货公司买的。

2022 年 9 月 12 日

约翰回来了。他晒黑了，精神也不错，我却感觉他的笑容背后隐藏着一丝悲伤。

我起身拥抱他。

他凑到我耳边说："我们已经结束了。等没人的时候我再跟你细说。"

娜塔莎正在看着我们。约翰转向她，露出了灿烂的笑容，就好像刚刚获得了奥斯卡奖一样。"亲爱的女孩，恭喜你，真为你开心。你的幸福就是我们的幸福。"他有点像在发表演讲，但他的演讲很快被拉维的电话打断了。

"麦克斯米利安·托马斯，我将成为你最好的新朋友，"他说，"我的委托人已经决定报价，现款，可以立刻转账。我会把族长的所有详细资料发给你，包括律师信息、银行汇票信息等等。"

"太好了。"我看向约翰和娜塔莎，示意他们有买家报价了。

"我们看过 Cornwall Terrace[1]、Cambridge Gate 的顶层公寓，全都考察了一遍。"

"确实应该多看看。"他没有立刻说出报价的数字，让我有

---

[1] 卡塔尔王室的阿勒萨尼家族在世界各地购买豪宅，其中一处房产就是 Cornwall Terrace 中的一套，它隶属于英国皇家财产局，是一级保护建筑。有人说如果购买了这里的房产，你可以当之无愧地说自己住在女王的家里。

种不祥的预感。

"经过比较，我们觉得要价1850万不太合理。"

约翰和娜塔莎静静地站在我的桌子旁。

"我们稍后再讨论和其他房产比较的情况，我现在想知道你和你的委托人觉得合理的价格是多少？"

"1450万。"

"什么？"后两个数字是50没错，但前两个数字不太对呀。

"1450万。现款。顶级买家。"约翰满脸关切，娜塔莎耸了耸肩。她是我们当中唯一不会被亿万富翁吓倒的人。

"拉维，我们没必要再谈了。如果这就是你的报价，那根本没戏。如果我把这个数字报给亿万富翁，他会立刻和我解约。这个问题我们暂且不谈，如果这是你的谈判策略，我告诉你这样做没用。"

约翰向我竖起了大拇指。

"你这是在向我施压吗？"

娜塔莎冲我意味深长地点点头。

"我的意思是，如果你的委托人真的有意买这个房子，那就提出最好的最终报价。如果我提交你刚才的报价，我的委托人会要求我不要再和你们联系。他可从来不会闹着玩。"

"我会尽力，"拉维说，"你不是在耍我吧？"

"我不会那么做。"我深吸一口气。娜塔莎知道我还要长篇大论地说下去，她做了一个抹脖子的动作，示意我赶快结束对话。

"再见，拉维。"我说。

约翰轻轻鼓掌。

"跟他讲清楚了。"

不过我不确定是否有用。

2022 年 9 月 14 日

我和凯特一起吃饭，她听说我 8 月哪里都没去，感到很吃惊。

"8 月不是淡季吗？"

"是，不过我要盯着国宝夫人和亿万富翁的房子，其他人都去度假了，我得留守大本营随时待命。"

"我已经和洛杉矶的投资人谈过了，他们希望我们下个月去一趟。这个季节去南加州正好，路费由他们出，你觉得怎么样？"

"当然好啊。"

2022 年 9 月 15 日

达米安度假回来了，神色有些疲惫。

"你好像需要再去度一次假。"我开玩笑地说。

"弗洛丽[1]的朋友们太能喝酒了。"

"你们俩的事情怎么样？"我问。

"她希望我见见她的父亲。"

"哦，那可是大事。"

"其实我已经见过他一次，但不是以弗洛丽男朋友的身份。"

"达米安，有件事我觉得有必要告诉你，娜塔莎订婚了。"

"我知道，她跟我说了。"

"哦，那就好。"

"并不好。我知道皮尔斯不是什么好人，但我不能对她说。你可以说。"他看着我。

"我不能，达米安。就像我无权警告你远离弗洛伦蒂娜一样。"

2022年9月16日

经过几轮谈判，拉维以书面形式提交了最终报价——1650万英镑。

我知道亿万富翁不会满意的，但按照合同约定，我有义务把报价发给他。我给他发了一条消息，请他打电话给我。

说实话，这个报价还是不错的。

---

[1] 弗洛丽是弗洛伦蒂娜的昵称。

2022年9月20日

办公室里只有我和约翰两个人。我能看出他最近一直在强撑着，跟进夏天联系的几个新客户。

我记得弗拉维娅公寓的钥匙在保险柜里，我找出钥匙递给了他。

"给，我已经把所有的水电费、公共服务费的账单都发给了蒂娜，她会替弗拉维娅打理好的。"

"好啊，真不知道没有蒂娜我们该怎么办。"

"能告诉我发生了什么事吗？弗拉维娅不是马上就要回来了吗？"

"她做得对，这也是无奈之举。"他的声音听起来很悲伤。

"她还跟她丈夫在一起？"

"与她丈夫无关。"约翰的眼神充满绝望，"不对，还是有点关系，是因为钱。"

"什么意思？"

"我没什么钱。"他勉强笑了笑。

"可是她有钱啊。"说完我又迅速补充了一句，"我知道你不是因为这个和她在一起。"

"没有，她和我一样，自己的钱早就都花光了。她的希腊丈夫和她签了一份婚前协议，把她绑得死死的，如果她离开他，她拿不到一分钱。弗拉维娅并不看重钱，她说她一点都不在乎，她还说我们可以住在巴黎的塔楼,甚至说她会找一份工作!但我了解她,或者说我了解人性。"

"怎么讲?"

"在我们还年轻的时候、一无所有的时候、陷入热恋的时候,我们可以什么都不在乎。可是当我们过惯了奢华的生活,习惯了那种生活方式,并且到了一定年纪之后,我们会发现爱情不是氧气,单靠爱情无法生存。我不想让弗拉维娅跟我过穷日子,为了她好,我提出了分手。"

"约翰,我能理解你的做法。"

"你一定能理解。你知道我们的客户是怎么生活的,知道他们想要什么。弗拉维娅第一次坐瑞安航空[1]的班机可能还觉得挺新鲜:凌晨4点起床,乘公交车前往斯坦斯特德机场,排队候机,跟机场工作人员争执哪些行李可以随身携带,在飞机上忍受各种噪声……当她第三次、第四次以这样的方式出行时,她会痛恨自己以前做出的选择。最终,她会痛恨我。"

"也不一定吧。弗拉维娅可是在乌拉圭放过牛的女人,她很勤劳,也能吃苦。"

"我知道,不过我觉得现在这样最好,我们有过最真挚的感情,在最美好的时候结束,挺好的。"

---

[1] 瑞安航空是欧洲最大的廉价航空公司,班机大部分都是在一些便宜的、二线的机场降落,以降低机场服务费用。

"有点遗憾。"

"放心吧,我会没事的。"

"我很佩服你。"这是我的真心话。

2022 年 9 月 22 日

我给亿万富翁打电话一直没人接听,这次终于接通了。

晚点接通倒也不是什么坏事,因为拉维每隔一个小时给我打一次电话,急着要我回复。他着急,我们反而可以不急了,这样更能占据主动。

不过有个棘手的情况:达米安告诉我,弗洛伦蒂娜让他搬到她家里住。到目前为止,亿万富翁还没问过我他们俩的事,我也不知道他看过那天的小报没有。他的私人助理会搜集所有关于他和他孩子的报道给他看。

"终于跟您通上话了。"我接起电话说。

"嗯,最近很忙。"

"我猜就是您太忙了。"我正要寒暄几句,他立刻打断了我。

"快说吧。"他还是那么惜字如金。

"他们正式提交了书面报价,按照合同约定我有义务告知您。我知道您会说这个报价太低,但我还是要听您亲自确认,然后做个记录。"我有点啰唆,但他没有打断我。

"继续。"他打了个哈欠。

"报价是1650万。"

他想都没想就脱口而出:"让他们去死吧,别浪费我的时间。"

"明白,我这就回复他们。谢谢。"

我刚要挂断电话,亿万富翁又补了一句:"还有一件事,达米安是谁?"

"您见过他,和我一起,我们是同事。"

"他也是房产经纪人?"

"对。他是澳大利亚人,一个很不错的小伙子。虽然他不富有,但为人正派,他会对弗洛伦蒂娜好的。"我也不知道自己为什么要提到钱。

"怎么个好法?坐我的私人飞机,用我的钱住酒店,靠我的钱生活?斯韦特兰娜说他要搬过来和我女儿住在一起。他居然要住在我的房子里,什么样的男人能做出这种事?"

我本来想说"很多男人都这样",但我忍住了。我又重复了一遍刚才的话。

"是你介绍他们认识的?"亿万富翁突然话多了起来。

"不能这么说。"我小心翼翼地说。

"那他们是怎么认识的?"

"我和达米安来看房子,弗洛伦蒂娜碰巧也在那里。我事先不知道她会在。"

"然后你就介绍他们认识了?"

"就算是吧。"

"这件事你有责任,"他咬着牙说,"再见。"

他挂断了电话。

2022 年 9 月 23 日

我回绝了拉维的报价,他说我一定会后悔的。

国宝夫人的房子,我组织了竞价。两个客户都有意出价,但谁都不想先发报价。我本来可以玩点小把戏,跟其中一方说"我已经收到一份报价",但我觉得这样做实在是不道德。

还是算了。

2022 年 9 月 25 日

我和朋友约好一起出去玩几天,正准备搭车去希思罗机场时,我接到了一个经纪人的电话,就是对奇斯霍尔姆斯的房子感兴趣的那个买家的经纪人,买家之前一直在安提瓜。

"别生气啊,麦克斯,我已经快崩溃了。我的委托人刚刚打来电话说,他们现在在伦敦,可以在一小时之内去看房。你能马上安排吗?"

"不能。"我看了看时间,约好的车还有 5 分钟就到了。

"完全没可能吗?"他恳求道。

我有点动摇。

对我来说，奇斯霍尔姆斯的房子和别的房子不一样，从业这么多年，他们是我认识的客户里运气最差的，卖房过程实在坎坷。我给买家拍过房子的视频，也寄予了很大希望，最后还是没成交。本来这次我可以派娜塔莎或达米安过去，但我有点不放心。还是亲自走一趟吧。

"没什么不可能的，我会在一小时之内赶到那里。"我回复说。

"你就是我的神！"

"那你呢，我的朋友，你要确保你的委托人买下这个房子。"

我给奇斯霍尔姆斯夫妇打电话说明了情况。时间这么仓促，实在是不好意思。我一再向他们道歉，而他们像往常一样随和，完全没有介意。

我匆忙赶到奇斯霍尔姆斯家，打开百叶窗，拉开窗帘，确保每盏灯都亮起来。买家准时到达，一切似乎都很顺利。

October

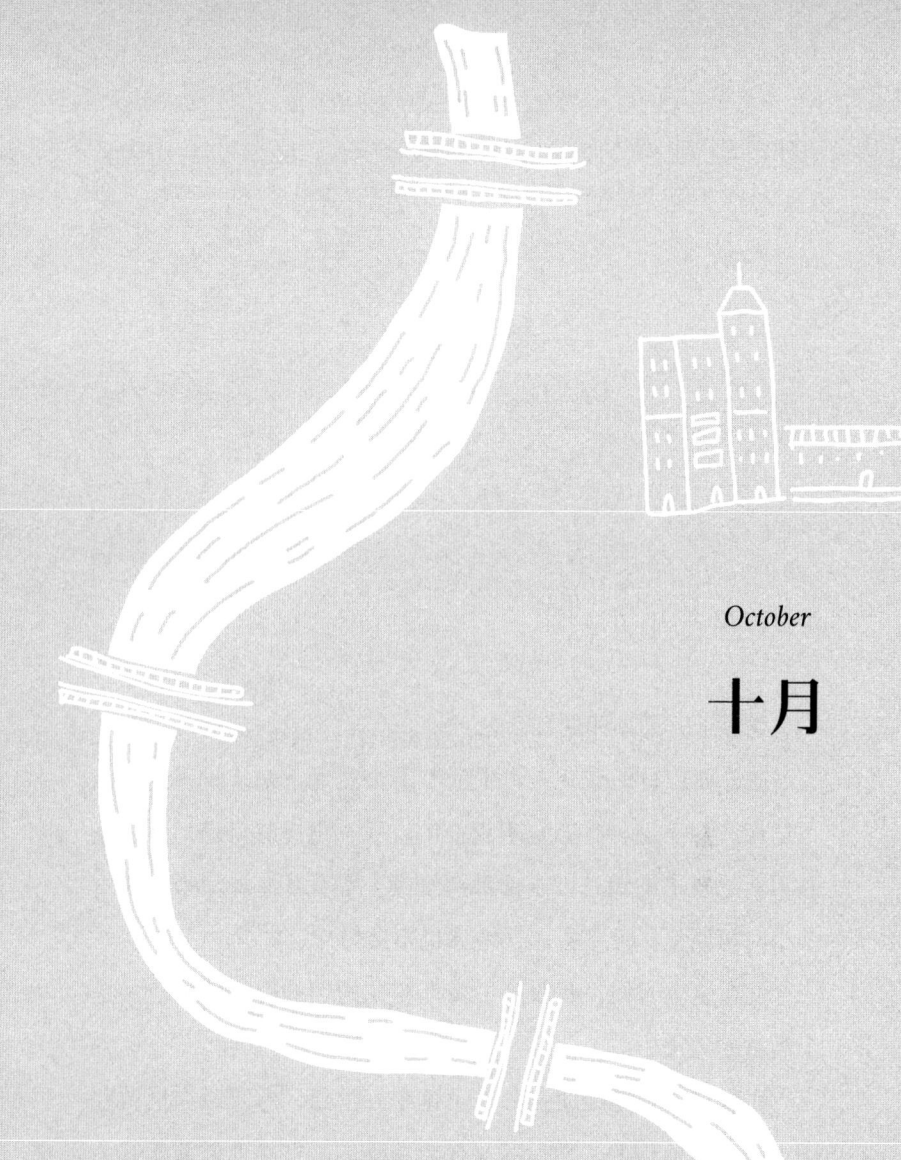

十月

2022 年 10 月 1 日

我迟了一天才和朋友会合。

在外面旅行的这几天,生活节奏突然慢下来,我感到有点不适应,似乎这种状态是不正常的。我一再提醒自己,不管我看不看手机上的消息,生活都会继续。等我从海滩回来,晚六个小时再回复,天不会塌,地球也不会爆炸。

就在这个时候,我收到了奇斯霍尔姆斯的房子的报价,是个满意的数字。

我欣喜若狂地跟朋友分享了这个好消息,感叹说在伦敦耽搁了一天是值得的,然后我又怀着激动的心情跟他讲起卖这个房子遇到过多少挫折,这次成交对我来说有多重要。

朋友一句话把我打回现实:"你只是在卖房子,又不是在研发疫苗。"

无论如何,这件事还是值得庆祝。我在希腊小岛上敬了"房产之神"一杯,希望他保佑接下来的业务一切顺利。

2022年10月3日

国宝夫人的房子,我收到了一个报价,不过没什么好庆祝的,因为报价太低了。

今天周一,办公室的人都齐了,正是开"董事会"的好时机。这是入夏以来第一次人这么齐。我对大家说奇斯霍尔姆斯的房子成交了,现已交由律师跟进。还有两笔交易待定,已经收到两个八位数的报价。

形势看来一片大好。

接下来我宣布要去洛杉矶出差,有个投资人想要和我们合作,这次去也顺便见一些美国的房产经纪人,看看有没有可能成立一个联盟。我说我需要一位搭档和我一起展示介绍,约翰和达米安都很感兴趣。直觉告诉我达米安的气质和洛杉矶更合拍,但约翰擅长表演,有舞台魅力,也是不错的人选。

"你有兴趣吗,娜塔莎?"我们讨论的时候,娜塔莎一直沉默不语,于是我主动问她。

"谢谢,麦克斯,我本来想到时候再跟你说的,不过我担心会影响大家的工作,所以还是现在说吧。我打算做到12月就辞职，皮尔斯希望我们在乡下定居。他能远程办公，可是我不能。不过在乡下可以离我父亲近一些，也挺好的。"

没有人说话。达米安呆呆地看着娜塔莎，约翰的眼角湿润了。

我一边斟酌着措辞，一边慢吞吞地说："对我们来说是个难过的消息，娜塔莎，可对你来说是有意义的……我们会想念你的。"

房间里一片寂静，感觉像过了好几分钟，但实际上只有几秒钟。

约翰打破了沉默："对不起，我必须说一句话，我必须说出来。娜塔莎，我们三个都把你当成家人一样，也许我不该问，但我还是想问一句，你真的考虑好了吗？"

我不敢看任何人，只能低头看向地板。

娜塔莎抱起爱德华勋爵离开了办公室。大家都没有说话，默然相对。达米安站了起来，走到门口，打开门，沿着鹅卵石小路跑远了。

我在心里暗暗说：把那个女孩追回来吧。

2022 年 10 月 6 日

亿万富翁打来电话。

"有新消息吗？"

聊了一会儿我才得知，亿万富翁接到了一个朋友的电话。

那个朋友刚刚卖掉了海德公园一号的公寓，跟他说现在房产市场开始回暖（其实不然），还说他那套摄政公园的房子应该会有竞价。

我说其实没有那么乐观，我们还是面临着很多挑战，不过他的房子有稀缺性（实际并非如此），我相信一定能收到理想的报价。

亿万富翁接着说他朋友的经纪人很棒，工作能力非常出色。

我终于明白这次对话的主题是什么了。

现在我需要集中精力应对。

我把自行车停好，走进一条小巷，避开路上的嘈杂。

"我能问问经纪人是谁吗？"

"他叫斯利克。"

我早就猜到了。

"他知道我这个房子，我欢迎他带人来看房，也提出给他佣金。"

我告诉自己保持冷静。如果是其他人，我能接受联合代理，但我不能和斯利克合作。

房产销售有三种代理方式：独家代理，你就是唯一的代理；联合代理，你和另一位代理合作，并分享佣金；多家代理，即由多位代理人代理，只有促成交易的代理人能获得佣金。

我们通常采用独家代理的方式，这样可以把控哪些房源挂牌上市，哪些房源场外交易，可以自主管理一切事务，制定清晰的战略，确保拿到最佳报价。如果是多家代理，大家为了争取成交就难免剑走偏锋，而这样做会扰乱市场。

我能接受联合代理的方式，委托人不会把全部的期望都寄托在一家代理身上，这样可以减轻很多压力。

可我没想到斯利克来搅这个局。

我听到了一些传言：我们接受了奇斯霍尔姆斯房子的报价，他非常生气，因为之前他一直在争取那个买家购买他代理的房子。

我怀疑这次他是来报复我的。

2022 年 10 月 8 日

奇斯霍尔姆斯的房子准备签约了，我给买方和卖方的律师都打了电话，只是为了确认一下一切是否按计划进行。我不能让斯利克有任何可乘之机，必须盯紧流程中的每一步，直到办完所有手续。

我打电话给买方经纪人。

"放松点，麦克斯，"他说，"他们是很有信誉的买家。"

"我知道，我的委托人以前被放了好几次鸽子，这次我必须确保万无一失。"

"放心吧，不会有问题的。"

我陷入了极度恐慌，平时我不是这样的。在去美国之前，我想把这笔交易处理完。

还有亿万富翁的房子,我也不希望斯利克参与。我给拉维打了个电话,看看他的委托人是否有可能提高报价。

"你那边有什么新消息吗?"我语气平静地问,极力掩饰着心中的渴望(绝望)。

"我们不会让步的,麦克斯。"

"我理解。这个报价已经很不错了,但斯利克煽动我的委托人,告诉他这个房子能轻松卖到1850万。"

"如果真是这样,那为什么不开价2000万或2500万呢?如果还有出价更高的买家,你们肯定早就卖给他们了。现在的房产市场不景气,我们正处于严重的经济衰退期,通货膨胀来势凶猛。"

"所以有钱人才要投资高端房产,能有效防范风险。"这是我在一份报告中读到的论点,我觉得很有道理。

"这只是你的判断,我没看到真的有人这样做。我们已经失去了俄罗斯客户,东南亚的客户也不再活跃,你现在只能寄希望于国内的客户了。"

看起来拉维对市场的研究比我想象中更深入。

2022年10月10日

我和蒂娜今天要陪福蒂斯丘去奥里安斯养老院看看,他在那里订了一套公寓。

蒂娜与福蒂斯丘的关系逐渐变得亲近起来。两个人的个性并不相容，但蒂娜总能看到人性中美好的一面。福蒂斯丘性情暴躁，蒂娜却从不计较，而且理解他是因为身体不舒服才会这样。她还经常称赞福蒂斯丘，说他很有勇气，能够在80多岁的时候离开自己住了60年的老房子。

在蒂娜面前，福蒂斯丘展现出了与以往完全不同的一面。他会挑选她喜欢的书送给她，也会对她表示关心。蒂娜走进房间的时候，福蒂斯丘总是要努力挣扎着站起身打招呼，让我们见识了他遗失已久的绅士风度。她对福蒂斯丘唯一的不满是他太吝啬了，也不知他是天性如此还是经历过战争的原因。

她告诉我："这与你拥有多少钱无关，只关乎你对钱的态度。"

我为福蒂斯丘辩护："也许是因为他年纪大了。你知道有些老人不管多么富有，都很害怕把钱花光。"

"不是这样，他很清楚，他的钱这辈子根本花不完。我可以为他做事，但说实话我不喜欢吝啬的人。"

事实上，我也不喜欢这样的人。比如那些沉迷于成交数据和房价分析报告的客户，他们只关心自己的投资能获利多少，没有意愿帮助别人，更不可能为他人付出什么。

但蒂娜和我都包容了福蒂斯丘的这一点。

我们开车去接他。蒂娜说："我看了一下宣传册，那里的条件和设施都是一流的，连我都想住进去。"

福蒂斯丘已经在人行道上等我们了。还好我们准点到达。奥里安斯养老院和他的房子在同一个行政区——肯辛顿-切尔西，对他来说完全不陌生，开车5分钟就能到。

蒂娜和我扶他下了车。他拄着拐杖，颤颤巍巍地往前走。这家养老院的公共区域就像时尚的五星级酒店：有酒吧区，装饰非常新潮；还有图书馆、餐厅（这家餐厅获得过很多大奖，我们在那里享用的午餐）、15米的室内游泳池（好想在那游个泳）、美容院、电影院和花园。养老院有56套面积不同的公寓。我们去看了福蒂斯丘的公寓，有两个卧室套房、一个客厅、一个厨房，还有一个小阳台。参观的过程中，福蒂斯丘一直保持沉默，只是偶尔点点头。

我们在图书馆碰到四位穿着考究的女士。

蒂娜问我："你会玩桥牌吗？"

"我讨厌打牌，从来没玩过。"

"可以尝试一下啊，这些女士看起来很友好呢。"蒂娜冲她们用力地点点头。

福蒂斯丘轻咳了一声，我们坐下来准备吃午餐。

"蒂娜，你想吃点什么？"我问。

"我们庆祝一下吧，喝点香槟。"

"您觉得这里怎么样？"我试探着问福蒂斯丘。

"设施都很现代。"

"我很喜欢。"蒂娜说。我觉得她差不多也符合这里的入住条件了。

"我也很喜欢,"我说,"希望他们能降低入住年龄。"

"你不会在吃饭的时候一直缠着我说话吧,娜塔莎就经常这样。"福蒂斯丘笑着说。

"当然不会。"蒂娜喝了一口香槟。

一位 70 多岁、气质高贵的男士从我们身边走过。

"他们都笑得很开心。"福蒂斯丘说。

"您在这里能交到很多新朋友。"蒂娜总是能看到积极的一面。

"我现在这些朋友已经够让人头疼了。我可不会像《旧地重游》[1]里的查尔斯·赖德那样,一到这里就交好多朋友,然后又把他们一个个甩掉。"

"看来您打算搬进来了?"我问。

"好像大家都希望我这么做。"他说。

"您会喜欢这里的,"蒂娜说,"不是我吓唬您,我可能会经常过来烦您,您恐怕甩不掉我了。"

福蒂斯丘又笑了:"亲爱的蒂娜,我这里永远欢迎你。"

---

1 《旧地重游》(*Brideshead Revisited*)是伊夫林·沃创作的长篇小说,改编的同名影视剧中文译为《故园风雨后》。

2022 年 10 月 12 日

到国宝夫人那看房子的第一对夫妇也发来了报价，而且出价不低。他们已经做过尽职调查，我建议他们直接给出一个最好的报价，这样我们就不组织竞价了。

我打电话给国宝夫人，她开心极了。她真的是很容易满足。

"我们能接受这个报价吗？"她问道。

"再等等，看他们能不能再提价。"

我打电话给那对夫妇的经纪人说，再给他们最后一次报价机会，希望能在报价和要价之间找个折中点，对方说争取说服客户提高报价。我同时把消息转达给了另一对感兴趣的夫妇，可他们又看中了别的房子，应该不会再提价了。这就是我之前常说的销售势头，如今的势头有点往下走了。

2022 年 10 月 17 日

周一的"董事会"气氛很热烈。

"夏天孕育着收获，"约翰充满诗意地说道，"我签下了两个新客户。我告诉他们，月底我可能会出差十天，不能耽误去洛杉矶。"

"没错。"达米安没那么诗情画意，但同样充满自豪，"我也签了一个新客户，也是夏天联系上的。她想要找能拎包入住的房子,我正在帮她找。弗洛伦蒂娜和她的朋友们经常给我的帖子点赞,所以现在我的粉丝越来越多。"

"你只用自己的账号发帖吗?用公司的账号发过吗?"我问道。

"公司的账号我没怎么更新过。这是我的问题,度假的时候,如果有人一直在刷手机、发帖,我会觉得很烦。在那么美的海岛,却找不到人和我一起游泳,他们只想拍照,还要修图、加滤镜,真是没完没了。"

"这种消磨时间的方式多好啊!"娜塔莎冷嘲热讽地说。我能看出她在努力克制自己不翻白眼。

"娜塔莎,那夏天的时候你在干吗?和你的皮尔斯在乌干达挖井吗?还是在苏格兰的庄园里狩猎?"

"好啦,好啦,我经常说的那句话是什么来着?我们要多关注积极的一面。现在,有个好消息要宣布。你来讲吧,麦克斯。"约翰的插话真是太及时了。

"不出意外的话,本周能办完奇斯霍尔姆斯的房子的过户手续。我们周末飞往美国,时间刚好。"

"'我们'都包括谁呀?"达米安坐到了椅子边上,身体向前倾。

"投资人寄来了三张商务舱的机票。凯特一张,我们两张。我联系了英国航空公司,他们说可以把我们的两张商务舱机票换成三张经济舱机票。所以,如果你愿意加入,那就是我们三个男人一起去洛杉矶。"

"太好了，兄弟们！"达米安大喊道。

"这是最好的解决方案。"约翰乐呵呵地说。

"娜塔莎，你能留下来坐镇吗？现在这几个单子都在掌控之中，不会出什么大问题，但因为有时差，我们可能会需要你的帮助。我还请了蒂娜来协助。"

"我能应付得来。"她看起来有些沮丧。我轻声地提醒她，是她一开始就表示不想去。

"我很想去，但我知道这样不合适。"她叹了口气。

2022 年 10 月 18 日

我们接受了国宝夫人房子的报价，虽然没达到我的预期，但也算是合理的价格，而且现在已进入深秋，是时候结案了。

我马上拟好了一份物业出售及购置合约，列出了所有具体细则，包括律师信息、价格、生效日期、交易中包含什么以及不包含什么等等。其实在首付款（首付款是成交价的 10%，支付后不退）支付之前，这份合约并不具有法律效力。这意味着任何一方都可以临时取消交易，而且无论是在财务方面还是其他方面，都不会受到任何惩罚。

这真是一个荒谬的体系，世界上其他任何国家都不会这样做。我曾经试图和一位高级官员谈谈这个问题，但对方不接我的电话。当时我正在为一份重量级的国际报纸写专栏，我以为自己也算有些影响力，看来我想错了。

2022 年 10 月 20 日

奇斯霍尔姆斯的房子的过户手续终于办好了。不过最后一刻还是出了点岔子，买家忘记给律师转账，我们不得不提醒了一下。全部办好的时间是下午 6 点，如果是上午 11 点就更好了。但正如约翰所说，"要多关注积极的一面"——积极的一面就是，我们成交了！

我带着亿万富翁以前送我的一瓶水晶香槟[1]赶到奇斯霍尔姆斯家，和他们一起干杯庆祝。是他们的耐心和豁达帮我们撑到了最后。我告诉他们，命运能量是守恒的，他们在房产上的运气有点差，在生活的其他方面一定好运连连。

2022 年 10 月 22 日

我从不接听陌生人的电话，但这次我接了。我在洛杉矶约了好几个经纪人见面，我想这可能是其中一个经纪人。

---

[1] 水晶香槟是世界顶级香槟品牌之一，在外观设计上追求奢华与精致，采用金属外壳和水晶玻璃制作，散发着无比耀眼的光芒。

结果，电话中传来了斯利克油腔滑调的声音。

"麦克斯——"他故意拉长音叫我的名字，"我听说你在处理亿万富翁的房子时遇到了大麻烦。"

"是吗？我不这么觉得。"

他打了一个哈欠："你都没收到报价吧。"

"我们已经收到了一份报价。"

"那个报价低得离谱啊。"

"你看过他的房子吗？"我被他戳中了痛处。

"我不需要看，我对那里的房子了如指掌，也许我能帮上点忙？"

帮忙抢我的生意吗？

我本想质问他，但还是忍住了。"怎么帮忙？"

"我先去看看，然后你、我和亿万富翁一起开个电话会。"

"下周我不在伦敦。"我说。

我有点担心他会直接联系亿万富翁，但也许他只是虚张声势。

"这么重要的房产销售的关键时刻，你竟然要离开？要不让那个演员带我去看看？"

"我会让娜塔莎带你去看。"我迅速回答，我不想让他知道我们三个人都不在办公室。

"可以，我挺喜欢她的，我还给她介绍过工作。告诉她下周二上午11点到房子那。"说完，他挂断了电话。

2022 年 10 月 23 日

我把简要情况跟娜塔莎说了一下,并提醒她不要向斯利克透露任何信息,包括我们已经收到的报价。希望那个报价还有效。我不能再给拉维打电话了。如果有什么新的消息,他会给我打电话的,我不想显得太心急。

2022 年 10 月 28 日

我们到了洛杉矶,今天和投资人开一个重要会议。

现在流行的是商务休闲风,三位代表却都穿着正式的西装。其中一位认识凯特,知道她在洛杉矶房地产界做得很成功。

约翰穿了一件淡绿色的亚麻夹克,而达米安和我穿着我们公司的制服——衬衫加卡其裤。我们坐在三位西装男士的对面,他们身后是一面玻璃墙,透过它可以看到比弗利山庄[1]的天际线,感觉就像置身于好莱坞电影中,仿佛这次宣讲会决定着我们的生死存亡。

凯特镇定自若,侃侃而谈。

"麦克斯和他的团队是伦敦高端房产的金牌代理商。他们

---

[1] 比弗利山庄(Beverly Hills)位于美国洛杉矶,有"全世界最尊贵住宅区"的称号,被人们视作财富和名利的代表和象征。

不仅以服务客户的能力而闻名，更以其远见和诚信受到客户好评。最重要的一点，这个团队能够为你找到性价比最高的优质房产，还会全程跟进协助翻新工程，如果你希望将房产作为长期资产持有，他们还可以处理租赁事宜。这些都是公司的主营业务，不会外包。美元现在很坚挺，而伦敦不仅仅是一个欧洲国家的首都，也是一个国际大都市。"

我对她点点头，示意她讲得很好。

达米安提前汇总了有利的分析数据，预测未来市场的增长。接下来轮到我发言了，我向大家展示了我们的最大优势以及我们能够提供什么。

我们商议的初期投资额是一年内1亿美元。他们列的购买、租赁和最终成交的各种佣金费用看得我眼花缭乱，所有的交易他们都要收取2%的佣金，并且还要有一定比例的利润分成。也就是说，我们也可以分一部分利润，听起来还不错。

这次会议限制发言的人数，所以约翰准备好的讲稿没机会讲了，我就把他定位成了一个顾问，或者叫幕后指导。

会议快要结束时，其中一个穿西装的人说："这是一个长期计划，你们能确认刚才承诺的业务指标吗？"

我们信心十足地表示"确认"，只是约翰的音量没有平时那么高。

2022年10月29日

约翰要在洛杉矶见几个老朋友，我和达米安开车来到了杜梅角州立海滩。

"这里让我想起了澳大利亚。"他说。

"我从来没去过。"我光着脚走在沙滩上。

"你会喜欢那里的，大自然，徒步旅行，还有美食。"

"你想家了吗？"

"嗯，我想回去一趟。"

"和弗洛伦蒂娜一起吗？"

"应该不会。"他说。

"发生了什么事？"我问道。

"她给我发了条信息，要我明天飞回去，因为她想去参加一个派对，希望我和她一起去。我说我做不到。她说会让她父亲找你，我说如果她这样做，我们就分手。她说如果我明天不回去，我们就分手。所以，这是我的选择。"

"唉！真不知该说些什么。"

"你之前提醒过我。"

"也不完全是她的错。你知道的，她不懂得尊重人，她觉得所有人都是她的仆人，都得听她的吩咐。"

"我接受不了。娜塔莎说得对，弗洛伦蒂娜的生活是空虚的。你说娜塔莎会在我出差的时候命令我立刻回去陪她吗？"

"当然不会。在你陷进去之前,最好赶快和她分手。"

"我觉得也是。"他说。

2022 年 10 月 31 日

第一次会议结束后,我把凯特送到了机场。

我们与经纪人马克进行第二次会议。

20 年前,他创办了自己的经纪公司。他的风格有点像《迈阿密风云》里的唐·约翰逊(约翰还给我和达米安解释了一下,但我们上网一搜就明白了),看起来非常傲慢,说话也很直接。他说我们应该独占洛杉矶和伦敦的房产市场。

他开一辆敞篷法拉利,还特意告诉我们车不是租的,而是全款购买的。

他办公室所在的位置是黄金地段,位于比弗利山庄和布伦特伍德之间的圣维森特大道上。

助理辛迪把我们带进了一个大会议室,另外一个助理维罗妮卡递给我们一张酒水单,上面列着苏打水、冰咖啡、草本茶、能量饮料以及令人眼花缭乱的无麸质美食。我们点了普通的冰咖啡和水。

首先走进会议室的是科迪和布莱尔——马克的"社交媒体

运营团队"——气质有点像《阿呆与阿瓜》[1]里的两位主角,穿着朋克和嬉皮混搭的摇滚风的衣服,在洛杉矶显得有点格格不入。两个人都是 20 多岁,脸色苍白,好像很少晒太阳。约翰正要与他们寒暄几句,只听马克对着耳机的麦克风高声说道[想象一下麦当娜演唱舞曲《风尚》(Vogue)的画面]:"底价,1060 万!听着,你不会再有这样的机会了。说服你的委托人接受这个价格,然后我们一起庆祝。周末,拉斯维加斯,住我名下的套房。看你的了,快去搞定!"说完他就挂断了电话。

他转向我们:"嗨,很高兴再次见到你们。"

他穿着一件深 V 领的 T 恤,搭配休闲鞋和宽松的浅绿色西装。我们起身跟他打招呼,他指着科迪和布莱尔说:"这两个家伙是我从最热门的真人秀节目的后台挖来的。不过我不能说是哪个节目,我们有保密协议。他们都是做社交媒体运营的。我们现在开会吧。麦克斯,你的驱动力是什么?"

我:"驱动力?"

马克:"是的,你的驱动力是什么?"

达米安插话:"就是要做到最好。"

马克:"说得不错。"

我:"哦,抱歉,我误解了。不过,不要紧。"我看出来马

---

[1] 《阿呆和阿瓜》讲述了罗伊与哈里这对蠢哥们儿在追寻摩登女郎玛丽的过程中发生的搞笑故事。

克根本没有在听。

马克:"那你希望能传承下去的是什么?"

我:"呃,你是指我希望别人记住我什么?"

马克:"是的,你或你的公司。"

我支支吾吾地说:"嗯,我想,我希望在别人眼中,我能服务好客户,对工作尽职尽责,为人正直有诚信。"我以前从未考虑过传承这个问题,我为什么要考虑这个问题呢?我只是一个房产经纪人,不是核物理学家。

约翰:"没错,诚信是最重要的品质,是做生意的基础。"

马克:"说得好。我喜欢你的声音。科迪,你觉得呢?"

科迪:"是的。他可以配旁白。"

马克:"我们就以传承为主题,讲讲使命、愿景这些。我喜欢你的正能量,你有一种休·格兰特[1]式的儒雅气质。我们通过几次电话,我能感觉到你很真诚。"

我:"那很好。"希望这不是一个精心策划的骗局。

马克:"未来将是高科技主宰一切,我们的工作都可以通过互联网、社交媒体完成,我说得对吗?"

我还没回答,他就继续说了下去,显然他并不是在问我。

"我把科迪和布莱尔挖来是想做面向全国的业务,现在有了你们,我在想……我们完全可以走向国际呀!这简直就是天

---

1 休·格兰特(Hugh Grant)是一位具有贵族气质的英国男演员,颇具绅士风范。

意，你们就是我的幸运星。我们要全天候 24 小时不间断地跟拍你们，在办公室做现场直播，通过各大平台播放。"

我："听起来很刺激，但是……"

马克："但是什么？"

我："这不是我们做生意的方式。我们代理的房子都是场外交易，不能把信息发到网上或社交媒体上。我们的客户非常看重隐私。"

马克："真的吗？"

我："是的，所以 24 小时现场直播不适合我们。"

马克："你知道这个时代的发展趋势吗？你听说过那个叫《与卡戴珊一家同行》（*Keeping up with the Kardashians*）的真人秀节目吗？以后我们都会在网上卖房、网上看房、网上竞拍，未来的趋势就是这样，麦克斯。"

我："我没看过这个节目，但我知道在这个领域他们做得很出色。"

马克："你看，我们已经达成共识了。这并不难，对吧？"

我："不过，马克，我还是不同意你的观点。我不认为所有的销售都能在线上进行。人们必须实地看房，看它的户型、质感、空间、视野、采光，这和在网上看的感觉完全不同。"

约翰："是的。"

马克："我喜欢这个家伙，你们呢？"他指着约翰说，"不能只让他念旁白，我们可以专门为他策划一个节目。伙计们，我得走了。好好想想吧。我觉得你们正在错过未来。他懂的。"说完，他指了指达米安。

开会的这十分钟里他一直在进进出出，还没走到门边，他又接了个电话。

科迪："你要不要试试镜？我们可以拍几个你讲话的镜头，然后发到我们的社交媒体上，你可以讲讲哈里和梅根。"

约翰："不好意思，我们还要去参加另一个会。"说完，他拉着我们逃也似的离开了马克的会议室。

晚上我送约翰和达米安去了机场，与他们拥抱告别。

November

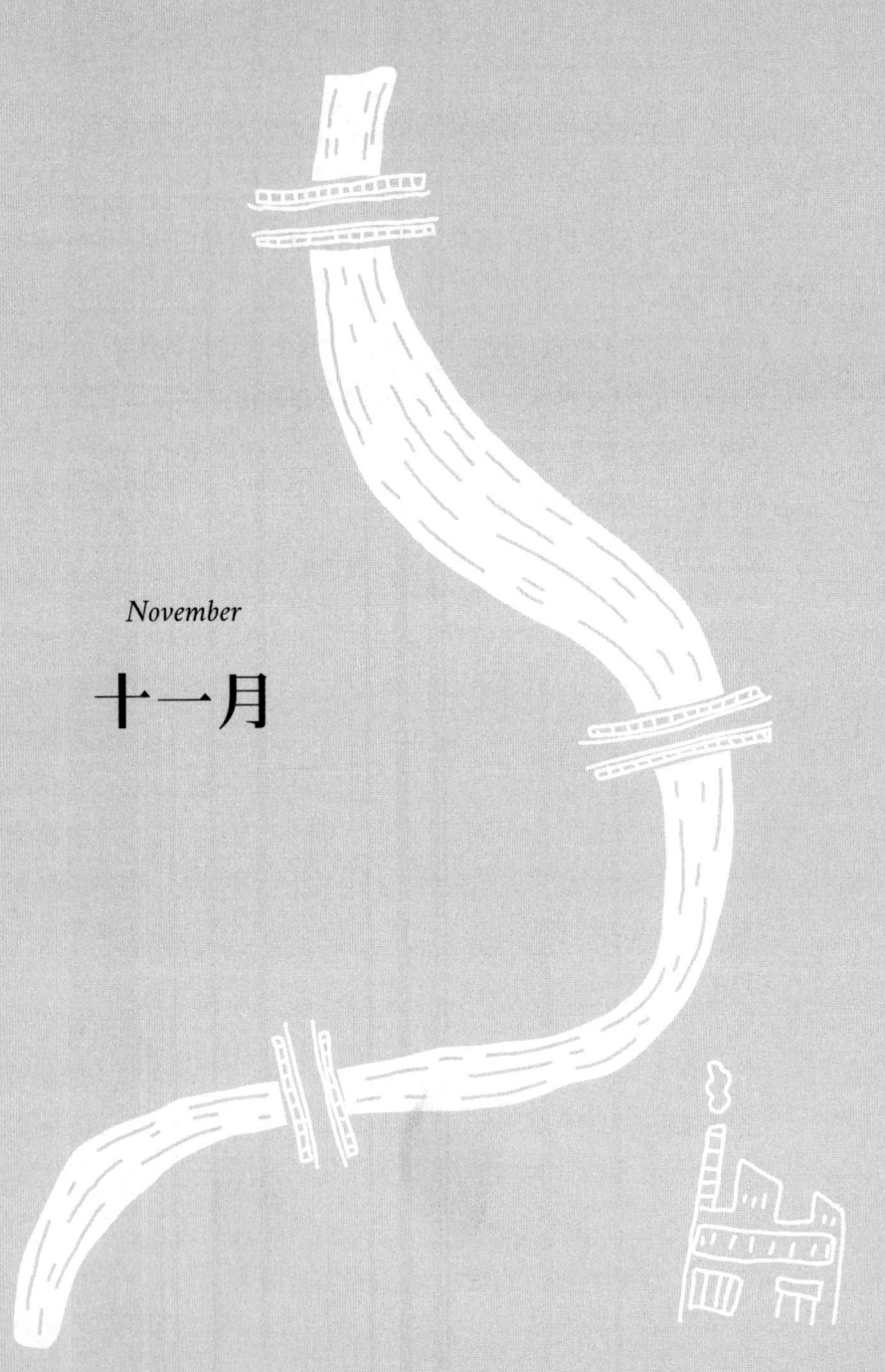

十一月

2022 年 11 月 2 日

这是我在洛杉矶的最后一天。

今天是第三次去见投资人。我为 1 亿美元的投资做了一个计划书,我们的合作既有新开盘的项目,也有梅费尔和贝尔格拉维亚的公寓,还有小威尼斯、菲茨罗维亚和诺丁山的住宅。

我和伦敦办公室联系了一下,娜塔莎说斯利克看了亿万富翁的房子以后明显感到失望,他本来以为是全新的,没想到是 15 年前的。现在,让我们看看他怎么轻松卖到 1850 万英镑吧。

拉维没给我打电话,我也不打算主动去追问。

2022年11月3日

飞机降落后,我收到一条让人不太愉快的消息,来自斯利克。他说他安排了一个和亿万富翁的视频会议,让我准备一下,一小时后开始。坐了一夜飞机,我的形象实在有点邋遢,而且还要倒时差。我本来计划先回家洗个澡、换件衣服再去办公室的,但现在不可能了。我匆忙跳上一辆出租车,一路上都在想,这是否会成为我今后生活的常态呢?诚然,这样的生活会让我觉得自己相当重要。作为跨国经纪人,在两大洲之间飞来飞去,在横跨大西洋的航班上高效地处理公务,用"飞行状态"向外界充分彰显自己的精英气质。想着想着,我就睡着了。出租车开到办公室门口,司机喊我下车时,我才猛然惊醒。

"大家好,我和亿万富翁、斯利克要开一个线上会,5分钟后开始。"我飞速冲进办公室,上气不接下气地说。

"深呼吸,放松……"约翰充满同情地看着我,"我们得帮你收拾一下。"

"恐怕有点费劲!"娜塔莎惊呼。

达米安咯咯笑了起来。

"现在不是开玩笑的时候。"约翰拿出一把乌木手柄的梳子,蘸了点水,用梳子把我乱糟糟的头发压平。

"娜塔莎,你有遮瑕膏吗?"

"没有。"

"我这里有。"达米安说道。

约翰在我眼睛下方涂上一些遮瑕膏:"现在好多了,看不出黑眼圈。"

"谢谢你,约翰。"我打开了笔记本电脑,头还是昏昏沉沉的。约翰站在我身边,帮我把电脑放在一摞书上,又检查了一下摄像头打开时的背景。

我脱掉了外套,这才意识到里面穿的是一件T恤。

"换上这件吧。"达米安把他的衬衫递给我。

衬衫有点紧,我把最上面两个扣子解开。"叮"的一声,我进入了会议室,屏幕上出现斯利克的脸。

"麦克斯,很高兴你能加入我们。"并没有"我们",到目前为止会议室里只有他一个人。"你这件衬衫真有趣……你想要我的裁缝的联系方式吗?"

娜塔莎朝我挥了挥手。

"等一下,斯利克。"我开了静音。

"这人真是个浑蛋。你知道他又给我介绍了一份工作吗?我告诉他我们这边有很多客户对房子感兴趣,而且我已经安排了很多人看房。"

"真的吗?"

"我唬他的。不过我确实联系了另一位经纪人,他说他那里有客户。"

"好的,谢谢你的情报,也谢谢你帮我争回了面子。"

我看到亿万富翁进入会议室了,赶紧解除静音。

他已经在说话了。

"我真不明白为什么这么好的房子还没有卖出去。人们现在比以往任何时候都更想投资房产。我认识的每个人都想购买顶级豪宅,这样才能抵御通货膨胀。"

"我非常赞同您的看法。"斯利克的语气充满谄媚,"我知道有很多懂行的买家欣赏这种品质的房子,它还没有卖出去真的是令人费解。"

"同意。"亿万富翁还是像平时一样惜字如金。

"您这个房子装修得真漂亮。"斯利克继续拍马屁。

我简直不敢相信自己的耳朵。尽管特丽莎已经竭尽全力美化,但它仍需要进行彻底的翻新。

"是我儿子设计的。"

"您的儿子真是太有品位了。"斯利克的马屁完全停不下来。

亿万富翁没有接话,也不知道他是否认同这个评价。

现在该我说话了:"我们确实还没有收到合适的报价,但现在已经接近成功了,我还没有放弃族长。"

"我不想卖给他们,他们惹到我了。"

"我觉得是族长身边的人没起什么好作用。族长是真的有意愿买下来的。"我努力表现得信心十足。约翰接了一个电话,我向他摆摆手,让他保持安静。

"那就让族长换个顾问团队。"亿万富翁竟然一边挖着鼻孔一边说。

"我觉得我们可以换一种销售方式,来充分展现房产的价值,刺激客户购买。我们有一个特别棒的摄影师,可以让他拍一组照片,制作成宣传册,然后在网上发布——就是你们平时看到的展示高端豪宅的那种方式。"

斯利克又开始发起攻势。

"不行。"亿万富翁断然拒绝。

我没有戴耳机,声音是外放的,因为我想让整个办公室都能参与进来。我看到娜塔莎在强忍着笑。显然,斯利克没有做好功课。亿万富翁是不会允许别人拍他的房子的,对他来说,隐私至关重要。这也是他喜欢我们的主要原因。我们最擅长场外交易。

"嗯,是,是……"斯利克有点慌了。

我保持沉默,看他继续表演。

"我们会用您觉得合适的方式销售的。摄政公园这个板块,我们卖出过很多房子。"

"有哪些?"亿万富翁追问道。

我碰巧刚刚看过伦敦房地产分析公司 LonRes 发布的数据,我知道他卖了两套房子,只比我多了一套。

"就不用说那么细了吧。"斯利克想一笔带过。

"具体说一下。"亿万富翁穷追不舍。

"我们当时以创纪录的价格出售了切斯特联排 24 号的房

产。"斯利克自信地说道。

我反击的时候到了。

"那是什么时候的事？"

斯利克无视我的问题，继续说道："我们还卖掉了61号的房产，那个房子的状况非常糟糕。"

"什么时候出售的？成交价分别是多少？"亿万富翁问道。

加油，亿万富翁！我心里想着。

"我们2013年出售的61号房产，成交价是1100万。"到这个时候他只能实话实说了。

"那另一处呢？"亿万富翁不会就此罢休的。

"哦，那是很早以前了……我手头没有详细资料。"

幸运的是，我有详细资料。

"LonRes发布的数据显示，你是在1994年以650万英镑卖掉的。对吗？"

"您的房子非常有价值，需要交给专业团队代理，运用销售技巧把它成功卖掉。我相信我们可以做到。"斯利克说道。

他绝对是个政治家：无视别人的提问，只说他想要说的话。

我给亿万富翁发了一条消息。我知道他的手机就在手边。

"你那里有哪些客户？"他问道。

"想要看房子的很多。"

"我要接个电话。"亿万富翁说，"斯利克，给我发一个你的客户名单，然后我们再谈。"他离开了会议。亿万富翁刚刚看过我发的消息，然后问了斯利克唯一值得问的问题。

他是否真的能像《穿普拉达的女王》中的梅丽尔·斯特里普一样，拿出一份"名单"？让我们拭目以待吧——我很有信心，他的所谓"名单"肯定只是罗列一些合适的客户，而我已经联系到了所有对房子感兴趣的客户。

2022年11月8日

我和达米安今天要带族长的表哥去看亿万富翁的房子。我担心又会有一大群随从，所以带上了达米安，他可以做安保。看来我是多虑了，族长的表哥彬彬有礼、很有教养，他是一个人来的，而且准时到达。看房的过程中他没怎么表态，但从他的着装和气质来看，我猜他不会喜欢这个房子。

回到办公室，我问达米安，弗洛伦蒂娜最近有什么消息。

"我们分手了。"他告诉我。

"因为你没有提前飞回去参加派对吗？"

"差不多是这样吧。"

"真荒唐……我说的是她。"

"她需要的是俯首帖耳的随从，而不是男朋友。"

"希望你没事。"

"还好，我觉得解脱了。"

这就是关系的本质吧。有些感情的结束是一种遗憾，而如果是一段错误的感情，那么结束是一种解脱。

"娜塔莎知道吗？"

"我都告诉她了。"

2022 年 11 月 10 日

经过几个月的沟通，娜塔莎约好带我去见她家族中一个古怪的老朋友露西-安妮。

露西-安妮的房子很漂亮，按官方划分这里应该属于皮姆利科[1]，但居民们坚称这里属于贝尔格拉维亚（以超级昂贵的住宅物业著称），并且坚持使用它的邮政编码，可能是觉得这样能让房产增值。确实如此。

我们穿过一个一半是温室一半是车库的地方——地面是石头铺砌的，屋顶是塑钢玻璃的——来到一扇双开门前。一位 60 多岁的女士给我们开了门，她的头发染得乌黑，衣服上别着一枚 20 世纪 50 年代风格的胸针，表情显得有些疲惫。

"夫人在楼上。"她说。

"她喜欢在卧室里接待客人，"娜塔莎说，"她很老派，和

---

[1] 皮姆利科（Pimlico）是位于伦敦市中心一区的经典住宅区，隶属于威斯敏斯特区。这里宁静而小巧，当地人把它比作放在口袋里的中心区。由于地处传统富人区威斯敏斯特与切尔西之间，南临泰晤士河，最早迁入皮姆利科的居民多半属于中产阶层和中上阶层。

我想象中20世纪20年代的女伯爵一样。"

楼梯上堆满了书，墙上几乎所有空白处都挂着画。我们上到二楼，穿过铺满编织物和毛毯的客厅，来到一扇门前。娜塔莎轻轻敲了几下："露西-安妮，露西-安妮？"

"请进。"屋内传来一句法语，带着浓重的南方口音。我们走进她的"闺房"，立刻闻到一股浓浓的烟草味道。她身穿一件长袍，坐在一堆靠垫上，旁边放着一个烟灰缸。

"露西-安妮，这是麦克斯。麦克斯，这是露西-安妮。"

"哦，亲爱的，你来得太好了。来我身边坐，你还是那么美。"她亲昵地抚摸着娜塔莎的脸。露西-安妮的声音有点像《乱世佳人》中的斯嘉丽，常年吸烟让她的声音变得非常沙哑。约翰说她可能是从田纳西·威廉斯的剧本中走出来的，他形容得太贴切了。

"很高兴见到您，您的房子太迷人了。"我双手合十说。

"你真有趣。对了，西莉斯特给你拿喝的了吗？我刚发现一款美味饮品叫内格罗尼[1]，要不要让西莉斯特给你调一杯？"

我说才上午10点，对我来说现在喝酒有点早。

"现在还早吗？"露西-安妮狡黠地说。

娜塔莎朝我挑了挑眉毛。

---

1 内格罗尼（Negroni）是一款经典的鸡尾酒，它的故事可以追溯到1919年的意大利佛罗伦萨。传说有位名叫卡米洛·内格罗尼（Camillo Negroni）的伯爵，他请调酒师将美国鸡尾酒中的苏打水换成金酒，并用橙皮代替柠檬作装饰。于是，内格罗尼诞生了。

露西-安妮35年前买下的这座房子,她在家乡亚拉巴马州还有一处房产,但她已经15年没有回去了。她说她不忍心回去看,害怕那个地方已经变得面目全非。15年过去,任何地方都有可能面目全非。她一直依靠信托基金生活,现在基金快用光了,她的侄子、侄女们都在试图说服她缩减开支。

"真不明白这是为什么,"她气喘吁吁地说,"我现在活得就像个修女,平时只吸一点点烟草,还是药用的。我母亲教导我客人来了要倒酒,所以我需要西莉斯特,这是我们南方人的待客之道。我父亲以前常说钱是结在树上的(寓意一个人只要勤劳就能有收获),可我侄子总说他没有钱,他还是在银行业工作的。"最后一句她是带着厌恶的语气说的。

我们就这样继续聊着,她给我们讲在意大利的旅行,在拉韦纳租的别墅,讲她与保罗·鲍尔斯[1]、杜鲁门·卡波特和戈尔·维达尔[2]的友谊。

"那些日子真美好啊。现在的生活太没意思了,有格调的人太少了。我记得我们在鹦鹉俱乐部举办过一次聚会……"她正要展开讲另一段趣事,我突然意识到我们已经来了一个小时了,于是找借口说需要去一下洗手间,离开了她的卧室。露西-安妮似乎并不在意我的离开,因为还有一个听众坐在那里。

---

[1] 保罗·鲍尔斯(Paul Bowles),美国小说家,代表作为《遮蔽的天空》等。
[2] 戈尔·维达尔(Gore Vidal),美国作家,作品不拘一格,以讽刺幽默见长。

走出房间后，我参观了一下房子。房子太旧了，需要翻新，不过它有一个浪漫的秘密花园，还有隐蔽的停车场，如果没有主人的提示，你根本不会发现它们的存在。

露西－安妮说她最喜欢的就是这个隐藏式设计。

我想象了一下哪位名人会买它——也许是哈里·斯泰尔斯，这个房子应该对他很有吸引力，得找个机会和他见一面，争取把他加到联系人名单里。我正在沉思的时候，西莉斯特从楼梯上走下来。我朝她笑了笑，她跟着我走进花园，低声说："她讨厌她侄子，但他是个好人。她没有钱了，已经三个月没给我发薪水了。她需要卖掉这个房子。"

"她有自己的孩子吗？"我问。

"没有，她的侄子是个好人，一直照顾她。"

参观完房子，我敲了敲露西－安妮卧室的门，向她表达了谢意，然后向她道歉说公司还有些事情，得让娜塔莎跟我一起回去。

"你这次去洗手间可真是史上时间最长的一次。"走到国王大道时，娜塔莎说。

"我出去看了看房子，她真的想卖房子吗？"我问。

"显然不想，我猜是她的侄子在逼她。他真是个浑蛋。"

"也未必如此。她装得很天真柔弱，但我怀疑其实她是个铁娘子。她应该很清楚自己的财务状况，只是不想搬家而已。"

娜塔莎若有所思地点点头："也许你是对的。"

2022 年 11 月 12 日

国宝夫人的房子终于签约了。我和她都很开心。

我去买了几瓶香槟,并决定把这作为一个固定的仪式,以后每次成交都要买香槟庆祝。

2022 年 11 月 14 日

斯利克那边出奇的安静。这个人没什么职业道德,我很担心他私下和亿万富翁通电话。不过,如果没有什么事发生,我也不会特意向亿万富翁提起他,免得他有什么想法。我还寄希望于族长的表哥能有积极的反馈。

2022 年 11 月 15 日

弗拉维娅正在约见室内设计师。我们的名册里有很多合适的人选,约翰帮她选择了一个擅长欧式风格的设计师,正是弗拉维娅喜欢的那种。

回到办公室后,约翰显得有些郁郁寡欢。

"你还好吗?"

"坦白说,我有点撑不住了,麦克斯。"他瘫坐在椅子上。

"我理解,约翰,看到弗拉维娅一定很难受。"

"是的。我知道我做的是对的,可是当两个人之间还有感情的时候,仍然会很痛苦。"

2022 年 11 月 16 日

今天是特殊的一天,三年前的今天,我突然心脏病发作。

那是一个平常的工作日。约翰端着咖啡走进来,我感到有些胸闷,心想有可能是早上 7 点的时候运动过量。我和娜塔莎、约翰一起出发去看一套顶层公寓——宣传册上说得天花乱坠,经纪人用了一大堆华丽的辞藻来形容这套公寓的与众不同,可实际情况往往令人失望。

"这电梯摇摇晃晃的,感觉好危险。"娜塔莎说。

电梯在破旧的公共区域这一层嘎吱嘎吱地停了下来。

"在这里面会产生幽闭恐惧吧。"约翰补充道。

摇晃的电梯门打开,内部就像棺材一样。

"我们还是走上去吧……有氧运动!"约翰哼起了歌。

我们开始爬楼梯。才走到二楼和三楼之间,我就感觉喘不过气来——难道是我喝双份浓缩咖啡喝得太急了?还是我忘了自己快 40 岁,俯卧撑做得太多了?

"我接个电话,"我朝他们挥了挥手机,"你们先走,我随后就赶上来。"

他们停下来看着我。

"是亿万富翁的律师。"

总算把他们打发走了。

我坐下来,试着把意念集中在呼吸上,慢慢吸气,呼气。我想起几年前在一个冥想课上学到的方法,闭上眼睛,觉察每一次呼吸。

5分钟后,我听到楼上传来了约翰的声音。

看我还坐在楼梯上,他问:"你怎么了?"

娜塔莎说:"我们很担心多米尼克看不上这个房子。"

多米尼克是我们的客户。

"350万的价格有点高,你能把价格谈下来吗?你还好吗?"约翰终于注意到我不舒服了。

"我感觉不太好。"我有气无力地说。

"你的脸色煞白。"娜塔莎关切地说。

听娜塔莎这么说,我也有点紧张了。娜塔莎是贵族出身,只有在情况真正严重的时候她才会表现出关切。

"我没事,只是觉得有点头晕。"我说道。

"回家洗个热水澡吧,躺下休息一会儿。要听从身体的感受。娜塔莎说得对,你看起来就像撞了鬼。"

约翰在街上拦了一辆出租车,把我扶进车里,就好像我是一个80多岁的老人。我一开始还觉得他有点大惊小怪,但当车开起来之后,每过一个减速带,我的心脏就狂跳不止,司机每次踩油门或急刹车,我都是一阵恶心。我感到前所未有的恐慌。

回到家,我准备洗澡,但不适感又席卷而来。我拨通了父亲的电话。

"怎么了?"他立刻问道。

"我感觉不太好,呼吸困难。"

"赶紧叫救护车,"他想了想又说,"你觉得像是肠道气滞吗?"

"我不太确定。"我想到了母亲,她一向身体健康,在60多岁时因为心脏病突发去世。

我一边往浴缸放水,一边查看着邮件。我感到一阵晕眩,呼吸越来越困难,最后实在坚持不下去了,打电话叫了一辆救护车。救护人员立刻就赶到了,帮我量了血压,做了心电图,还安慰了我几句。令人尴尬的是,我的呼吸很快又恢复正常了,救护人员说没有发现任何心脏问题,但由于我有家族病史,还是需要到医院检查一下。

到达圣玛丽医院后,我又做了一遍同样的检查,还是同样的结论。我给父亲发了个消息,告诉他我没事了。

接下来的记忆是一片空白。

我唯一能记得的是,我感觉胸口像压着一块大石头,我对进来检查的护士说了一句话:"我要走了……"

果然如我所言,后面的事我就不记得了。

不知过了多久,我醒了,护士问我:"你知道你在哪里吗?"

"在医院。"我环顾四周,犹疑地说。我躺在轮床上,手上有针头,连着输液管。我扫视房间,感到胸口一阵刺痛,这让我又清醒了一些。

"你刚经历了严重的心搏骤停,休克了六分钟。我们科室人手不足,但我们安排了一辆救护车,可以把你送到哈默史密斯医院做手术。还有什么问题吗?"

"我会好起来吗?"

"希望如此。"

我不想要这种模棱两可的保证。

"你需要签一份手术知情同意书。"

"好的。"我看了一眼条款,然后潦草地签了我的名字,好像这样做就能让它无效一样。

"你的直系亲属是谁?"护士问。

"我父亲。"

"我们会打电话通知他的。"两名护士打开轮床的轮子,"祝你好运。"

我被转移到了哈默史密斯医院。医生给我的心脏安装了两个支架,之后我在医院里住了一个星期。现在我每半年要复查一次,按时服用各种药物,并且每个月注射两次控制胆固醇的药物。

我尽量不去想这件事,因为我不想再一次感到脆弱无助。

昆汀说过,身体的无力感,是来自内心的呼救。

2022 年 11 月 17 日

娜塔莎告诉我,露西－安妮想再见我们一次,我说后天可以去。

"约翰还好吗?"娜塔莎问道。

"他有些颓废。"我回答。

"他是不是抑郁了,需要换个环境?"

"没那么严重吧。"

"不,我可以感觉到。"她说得很肯定。

2022 年 11 月 19 日

娜塔莎和我第二次去拜访露西－安妮。她很好奇,想听听我们打算如何卖掉她的房子,以及卖多少钱。我心里有一个数字,但我确信她是不会同意的。以我的经验判断,她是一个不好打交道的客户。

"回去后我们能聊一聊吗?"当我们穿过马路走到大门入口处时,娜塔莎说道。

"当然可以。"我说。

西莉斯特给我们开了门,把我们带到二楼的"闺房",露西－安妮在那里等着我们。

"欢迎我的宝贝们。"

"西莉斯特,你能帮我们调点喝的吗?香槟橙汁怎么样?你们听过堡林爵夫人那句关于香槟的名言[1]吗?"

我承认我没有听过。西莉斯特向厨房走去。

"哦,大意是这样的:'无论我是独自一人还是有朋友相伴,无论我是快乐还是伤心,无论白天还是夜晚,我都会喝香槟。'这是我一直以来信奉的理念。"

"房子的事您考虑得怎么样?"娜塔莎问。

"我那可恶的侄子说我必须搬走,我很生气,他说是信托基金公司要求的。如果一定要搬走,我想卖个好价钱。伦敦其他的房子都没有我这个房子住得舒服。你们觉得呢?"

我说这个房子确实又漂亮又舒适,她布置得也很别致。

"谢谢你。如果要卖的话,能不能不让人进来参观?我讨厌被打扰。这里是我的避风港。"

"那不太可能。"

"难道人们不信任你吗?我想你应该口碑很好吧。"

"信任是信任,但客户还是需要看看房子里面的情况。"

"那真是挺烦人的。价格方面,你们是怎么考虑的?"

"我们需要拿到平面图,知道确切的面积,然后再进行对比。"

---

[1] 掌管堡林爵香槟 30 年的女庄主堡林爵夫人(Madame Bollinger)曾经说过:"开心时,我喝香槟;伤心时,我也喝;独处时,我喝;有伴的时候,更要喝;不饿的时候,我经常忽视了它,而饿的时候我必须喝上一杯;有时候我可以一点都不去碰它,但口渴的时候例外。"

"对比什么？"

西莉斯特拿着一瓶香槟和一壶鲜榨橙汁走进了房间。

娜塔莎解释说，我们要和最近成交的类似的房子作对比。

"但我的房子是独一无二的。"她抗议道。

"没错，"我说，"但参考一下这个区域近期成交的房子，对我们定价会很有帮助。"

"我不知道会不会有帮助，我的房子和其他人的完全不一样。我想你肯定已经有个心理价位了。"露西－安妮左手拍打着靠垫，右手把玩着耳环。我知道她非常精明，根本不是她假装出来的对金钱毫不在意的样子。

没必要再拖了，我决定把我估算的定价告诉她。定价一定要实事求是，如果定得过高，只能面临卖不出去的结局。

"我觉得应该在 500 万左右。"

露西－安妮笑着从西莉斯特那里接过一杯巴克起泡酒。

"我觉得至少要从 700 万起步吧。大卫·鲍伊曾经来过，他说他愿意付出任何代价买这个房子。"

娜塔莎提醒她说鲍伊先生已经去世了。

我也拿了一杯酒，我觉得我可能非常需要喝点酒。

这时传来一声刺耳的尖叫。我想她肯定还不知道大卫·鲍伊已经去世了。我们沉默地坐着，娜塔莎伸出手，握住露西－安妮的手。

"对不起，"娜塔莎说，"您还不知道吗？"

"我当然知道大卫的事。这是卡瓦酒[1]吗？你们看看我侄子是怎么对我的？他就是个虐待狂。我要的不是在巴克起泡酒里加堡林爵[2]，而是加卡瓦酒。刚才你告诉我这座漂亮的房子只能卖500万？抱歉，我需要一个人静一静。我真的快崩溃了。"

娜塔莎和我松了一口气。

我们走出露西-安妮的家，走进附近的一家咖啡店坐下来。

"她真是个性鲜明。"我说。

"是的。麦克斯，我不打算辞职了，我想继续留在这里工作。"

"那太好了，娜塔莎，我很开心。皮尔斯同意吗？他愿意跟你一起住在伦敦而不是北安普敦郡？"

"我没跟他说。"

"哦？"我喝了一口咖啡。

"我和皮尔斯分手了。"

我顿了顿："你们分手了？"

"其实皮尔斯并不像你们想的那样糟糕。我结婚的原因之一是为了我的家人。我父亲生了重病，我想把卖福蒂斯丘叔公

---

[1] 卡瓦酒在南太平洋群岛斐济等国家有着悠久的历史。饮用卡瓦酒是有一定仪式的，客人要以双手击掌三下，接过椰子壳，一饮而尽，然后将空壳还给主人，再击掌三下以示程序完成。这种仪式在斐济部落中是最高礼节的象征，外交访问、迎接贵宾、庆典、节日、婚礼等重大场合都少不了它。

[2] 堡林爵（Bollinger）是法国香槟地区最优秀的生产商之一，以口味特征鲜明著称，它在酿制过程中添加的糖分比其他酒厂要少，英国皇室对其宠爱有加，钦定其为"御用香槟"。

房子的佣金给他，他不接受。我说我现在不需要钱，因为我准备嫁给皮尔斯了，我知道他一定会很开心。可是他说他之所以开心，是因为他认为我会开心。如果我并不是真心实意想嫁给皮尔斯，那就不应该再继续。

"你父亲真好。"我说。

"他还问我关于达米安的事情。"她微笑着说。

"你怎么想的？"

"过去的事都过去了。"

"达米安知道你和皮尔斯分手了吗？"

"我想先告诉你。"

2022 年 11 月 22 日

拉维打电话跟我说族长的表哥有意愿买这个房子，而且把报价提高到了 1750 万英镑。拉维说他们只能出到这个数了，而且还在同时考虑汉普斯特德的房子。我知道那栋房子。坦白说，如果是我，我会选择那栋房子，不选亿万富翁的房子。

拉维这是将了我一军，我不得不给亿万富翁打电话了。

"他们给出了最好的最终报价：1750 万。"

他沉默着，我也没有说话。

"就这样？"他终于开口了。

"我想是的。"

"你想拿到佣金,也不希望我把房子转交给斯利克代理,那么你认为我应该接受这个报价吗?"

"我认为您应该接受,因为这个报价已经相当好了,而且市场正在发生变化,这两个月没有客户联系我看房。"

"为什么你不能为我争取更好的报价?"

"我已经尽力了,我真的已经尽了全力,而且我确信这个报价是合理的。当然如果您还是不满意,那我再继续努力。但我真的觉得这已经是最好的报价了。"

"我会考虑一下的。"

我挂了电话,约翰充满期待地看着我。

"他说会考虑一下。"我说。

2022 年 11 月 25 日

拉维打来电话,他需要我给他一个答复。

我给亿万富翁发了消息,他看到了但并没有回复。根据以往的经验,如果我逼得太紧,他会直接消失。

就在这一刻,我突然间不在乎了。

让亿万富翁尽情地咒骂和抱怨吧,如果他愿意,把房子交给斯利克代理也无所谓。

事实上,我也想看看斯利克怎么应付亿万富翁。

2022 年 11 月 30 日

娜塔莎、蒂娜还有我今天一起去福蒂斯丘那里吃午餐。他已经搬进了养老院的公寓,我们想陪他庆祝一下,并且提前说好这次是我们请客——或者更准确地说是我请客。

新公寓和他之前的家形成了鲜明对比。前厅弥漫着昂贵的香氛蜡烛的芬芳,住客们容光焕发,谈笑风生,就像在享受悠闲的假期。我们到那里时,福蒂斯丘正在图书馆门口和两位女士聊天。

他带我们走进餐厅。

"福蒂斯丘叔公,这里真好。"娜塔莎看着菜单说。

"我的好多书都要送人了。"

蒂娜扬起眉毛:"我们讨论过这个问题,您已经把第二间卧室变成图书馆了。"

"可还是……"

"在维多利亚路的房子那,实际上您只在两个房间生活,就是书房和卧室。"娜塔莎笑着说。

我们都很想知道他在这里和别人相处得怎么样。

"我总是尽量避开他们,不知道为什么,他们都有点热情过度。"说这句话的时候,福蒂斯丘眼睛里闪着光。

"您经常在这里吃饭吗?"蒂娜问。

"当然不是,这里太贵了。我有时候去 Pret a Manger[1] 买个三明治,或者散步到玛莎百货买些微波食品。我以前从来没用过微波炉,现在才发现它有多神奇。"

喝了一杯雪莉酒[2]后,福蒂斯丘终于承认他很喜欢这里:他享受看电影的夜晚,享受 24 小时的热水和供暖,他甚至无意中透露自己正在和一位伯爵的遗孀学习打桥牌。

---

[1] Pret a Manger 的品牌名称源自法语的 prêt à manger,意为"即刻食用"。这家店提供三明治、沙拉、面包、果汁和咖啡以及这些产品的营养表。在英国,上班族将其视为"食堂"般的存在。
[2] "雪莉酒"曾被莎士比亚比喻为"装在瓶子里的西班牙阳光",它能给人们带来愉悦的感受。

December

十二月

2022 年 12 月 1 日

西莉斯特给娜塔莎打来电话，她转达说露西－安妮勉强能接受 700 万英镑的定价，我建议的 500 万被她否决了。

可能是最近发生了太多事，让我对偏执的客户越来越没有耐心，我甚至有点想说我不打算代理这个房子了。我告诉娜塔莎，我们会在新年之后重新评估，因为现在是销售淡季，1 月中旬以后市场才会慢慢恢复。

拉维再次打来电话，我告诉他亿万富翁还没有反馈。我知道他的暴脾气，不能逼他。我问拉维是否还有可能再提价，他明确地告诉我绝无可能。如果我们还是坚持要求提价，他向我保证他们会立刻取消报价。

到目前为止，我已经摸清了拉维的底牌，我知道他什么时候是虚张声势，什么时候是认真的。在商业博弈中，你必须相信自己的直觉。我的直觉每次都能把我引到正确的方向。

2022 年 12 月 3 日

亿万富翁给我打来电话。我就知道他迟早会出现的。
"有新进展吗？"他问。
"他们在等您的反馈。"
"他们没有提价吗？"
"没有。"
"房子我会卖的。"
"太好了，"我有点意外，"这是个明智的决定。"
"但这个报价我不满意。"
"他们真的不会再提价了。我对您一直都是实打实的，1750 万真的是非常理想的报价了。"
"哪怕他们象征性地再多出 10 万，我心里都会舒服些。"
那肯定会，我心想。
"可是他们肯定不会这么做。"
"那就没什么好谈的了。"他的声音变得强硬起来。
"您再想想，现在已经很接近要价了，只差那么一点点。"
"那为什么不能再提一点点呢？"
"我找了各种理由说服他们提价，可他们坚持认为这就是最合理的报价了……"我感觉有些词穷，不想再说下去了。

"我不卖了。这是个好房子。我不需要钱。"

"您说得对，房子还是留着吧。"我说。

我实在是累了。

亿万富翁不说话，我也不说话。

"我讨厌伦敦。"他终于又开口了。

我不知该怎么接话。

"如果他们能在十个工作日内支付房款，办好所有手续，那我就同意出售。"

"恐怕很难。"

"就这样。做不到就算了。"

"我去搞定。"

我连亿万富翁都能搞定，还有什么能难得倒我？

我立即给拉维打电话，告诉他签约条件，同时跟他说，他拿不到25万英镑的返佣了，但我会把自己的佣金分给他。我想他现在对我也有了足够的了解，知道我没有半句虚言。他也和我一样希望能拿到佣金。

现在就看族长的表哥了。

2022年12月5日

露西-安妮说她不接受我建议的定价，还是坚持让我试试按 700 万定价。我告诉她，我不适合做她的经纪人，我也希望最后证明我的判断是错的，但从目前情况看，她的这个定价确实不合适。

她有点慌了，和我大声争论起来，最后我们达成一致意见，定价 550 万英镑。看来，有时候态度坚决、强硬一些还是很有用的，在此基础上再稍微让让步就可以了。

我把沟通结果告诉了娜塔莎，她说之后可以由她来接手。这个周末原本是她和皮尔斯结婚的日子，我一直在小心翼翼地观察着她。她看起来很淡定，我问她周末打算做什么，她说要跟一个朋友去萨塞克斯郡的乡村别墅。

2022 年 12 月 8 日

我带了几个经纪人去看露西-安妮的房子，他们觉得房子不错，但要价有点高。西莉斯特就像《蝴蝶梦》里的女管家丹弗斯太太一样如影随形地跟着我们，我根本没办法集中精力好好介绍。

2022 年 12 月 11 日

我和弗洛伦丝是在一个叫"爱看房"的群里认识的。我很少加入聊天群，但这个群是例外，因为群里都是懂得欣赏好房子的人。我很喜欢看大家分享的照片：阿根廷巴里洛切，能俯瞰湖泊的"玻璃盒子"别墅；美国蒙大拿州，由弗兰克·劳埃德-赖特[1]设计的房子；巴厘岛，传统简约的别墅；英国湖区，低调质朴的18世纪乡村别墅……

我觉得，建筑的美很大程度上取决于它所处的环境，"看得见风景的房间"[2]才是最有魅力的。正如我母亲所说，大自然高于一切。有一次，我父亲准备在一个艺术博览会上出售一幅画，他在画作前面摆了一瓶牡丹花。我母亲建议他不要这么做，她说鲜花的天然去雕饰之美会盖过康定斯基画作的美。

弗洛伦丝和丈夫阿莱科打算换房子，我帮他们找到了一处，距离他们现在居住的区域比较远。他们已经在肯辛顿-切尔西区生活了35年。这些年弗洛伦丝一直在同一家蔬菜水果店、海鲜超市、肉铺和五金店购物，而阿莱科总是去约翰·桑德书店买书，他们还经常去同一家意大利餐厅用餐。因此，只有真正特别的房子才能让他们下决心从那里搬走。

我找的房子是一栋安妮女王式的建筑[3]，位于汉普斯特德，

---

1 弗兰克·劳埃德-赖特（Frank Lloyd-Wright），美国建筑师，被认为是现代建筑的奠基人之一，以其独特的有机建筑风格和美学理念而闻名。
2 《看得见风景的房间》是福斯特创作的长篇小说，后被改编为同名影视剧。
3 安妮女王式的建筑指的是维多利亚风格建筑中的一种，拥有不对称和装饰性的外观，以其环绕式门廊、塔楼、角塔以及多色调配色而闻名。

对面就是国民信托[1]的保护建筑。这里能满足好莱坞制片人对伦敦的所有浪漫幻想，非常适合拍摄理查德·柯蒂斯的电影。1998年，柯蒂斯在诺丁山买了一座有着蓝色大门的公寓。诺丁山是个移民聚集区，他每天看着街上来来往往、形色各异的人，突然萌生了一个大胆的想法：也许，两个身份差距极大的人会在这里相遇、相识，直至相爱。电影《诺丁山》的灵感由此产生。柯蒂斯为"打造"诺丁山做出了巨大的贡献，他现在已经离开了那里，搬到了汉普斯特德，不知那些创意人士是否会追随他的脚步。

房子面积很大，一共两层，一层有个宽敞的厨房，这对弗洛伦丝来说非常重要。穿过前花园就能进入房子，大门外是铺着鹅卵石的步行街，没有车辆通行，所以格外静谧。

我看到弗洛伦丝和丈夫正手牵手沿着斜坡朝房子那里走去，这真是我见过的最浪漫的画面。

我猜弗洛伦丝一定会喜欢这个房子，果然，她看了之后非

---

[1] 国民信托（National Trust），全称为"英国国家名胜古迹信托"，是全欧洲最大的以保护、传承自然、历史古迹为任务的慈善机构。它成立于1895年，除了拥有悠久的历史，还是世界上拥有会员数量最多的组织之一，会员人数高达300万之多，而会费和捐赠也是这个组织的主要收入来源。这些资金主要用来维护其名下遍布于英格兰、威尔士和北爱尔兰（苏格兰有当地独立的信托机构）的数百处历史建筑、自然风光和所收藏的艺术品，还有英国绵延不绝的海岸线、林地和乡村。设立信托不仅要保护它们的历史风貌，还要让广大民众也能欣赏到这些最具英国特色的自然文化瑰宝。

常兴奋。阿莱科更务实一些，他说孩子们在原来住的地方交了很多好朋友，如果搬走他们可能会很伤心。他的顾虑也不无道理，大概每个人都要经历这样的"滑动门时刻"[1]吧。

每次和他们见面、聊天，我都觉得很温暖，这就是工作带给我的幸福感吧。

今天天气不错，沐浴着冬日的暖阳，就好像在原木火炉边烤火。不过，这种舒适自在的感觉很快就消失了，因为我接到了亿万富翁的电话，他说房子他有点不想卖了，并再次暗示我拿到的报价太低。我建议他还是照原计划进行，他很快就不用再为房子的事头疼了。

亿万富翁的反复无常让我感到筋疲力尽。我提醒自己，这只是他故意想把事情搞复杂的一种手段。可我不明白他为什么要这么做。和他合作令人身心俱疲，即使成交了，我的内心也感受不到一丝喜悦。

真是遗憾。

---

[1] 在英国电影《滑动门》中，公关经理海伦在某天早上遭遇了失业的打击，她满怀失落地走向地铁，命运就在滑动门的左右发生变化：赶上了地铁的海伦回到家发现男友的奸情，于是与之分手并迎来新的恋情；而错过地铁的海伦没有发现男友出轨，仍在继续以前的生活。滑动门机械地一开一关，命运随之悄然改变。

2022 年 12 月 14 日

国宝夫人和她的丈夫约我吃晚餐庆祝，我们一起度过了一个开心的夜晚。他们的房子交易过程简单、利落、干脆，进展非常顺利，我觉得这多少和国宝夫人的性格有关。她为人豁达，心胸开阔。在 80 多年的人生中，她经历过无数挫折和坎坷，但她总能看到积极美好的一面，并且感恩生活赋予她的一切。

相信她会一直幸福下去。

2022 年 12 月 16 日

我正在办公室盘点近期的房产交易情况，约翰走了进来，深深地叹了一口气。最近我忙于集中处理业务，都没有关注到他。

"约翰，你还好吗？我们好久没聊天了。"

"我做了个决定，麦克斯，而且是经过深思熟虑的。"他的声音有些哽咽。

"你说得我有点紧张，约翰。"

"我不知道该怎么开口……"

我静静地等着，约翰深吸了一口气，好像在做呼吸练习。

"那等你准备好了，再告诉我吧。"

"我打算休息一段时间，去加州参加《窈窕淑女》的巡回演出。我将扮演亨利·希金斯教授。"

我有点想笑,但他的表情非常严肃。

"约翰,我不知道该说什么。我不希望你离开,不过如果那是你真正想做的事,我为你高兴。"

"我只离开六个月。我觉得我很需要暂时离开欧洲,换个环境。我想站在舞台上唱歌、表演,这是我内心的呼唤。"

我告诉他,想做的事就必须去做。

"你对我来说就像家人一样,麦克斯。"

"我也这么觉得。"我说。

2022 年 12 月 17 日

我们决定举杯为约翰庆祝。我觉得"庆祝"这个词恰如其分,因为约翰说他并没有打算跟我们分开太久。

我们一致认为,这是"再会",而不是"告别"。

"今年真是不寻常的一年,是不是可以称为'失恋年'?弗拉维娅、弗洛伦蒂娜、皮尔斯——不好意思,娜塔莎,你离开皮尔斯让我松了一口气。"约翰说。

"没错。"我附和了一句。

"我想告诉大家,虽然有些爱失去了,但有些爱又找回来了。"达米安看着娜塔莎说,"麦克斯已经知道了,我希望你也知道。约翰,嗯,娜塔莎和我又——"

"真为你们开心啊，你们复合了，我一点都不惊讶。"约翰欢快地拍着手说，"无论发生什么，都要善待彼此。永远心存善意，永远记住这一刻。"

为了这一刻，干杯！

2022 年 12 月 18 日

约翰走后一直没有消息，我们建了一个群，随时关注他在加州的最新情况。

办理过户手续的截止日期就快到了，我向亿万富翁的律师询问进展。由于双方签约后的第三天我才从律师那里拿到文件，所以我跟亿万富翁说他规定的截止日期也要相应顺延。

亿万富翁去了瑞士的韦尔比耶滑雪，那里刚刚下了一场大雪，可能他正在和直升机公司讨价还价，要争取一个最优惠的折扣。谢天谢地，这个事成功地分散了他的注意力。

2022 年 12 月 19 日

早上，我去见昆汀。

当我沿着伯爵短道走上那条熟悉的小路时，我意识到这次是去跟昆汀告别的。最初去见昆汀是为了学习如何应对失去母亲的悲伤。母亲是我人生的锚点、精神的支柱，我一直希望自已能让她感到骄傲。而现在，我不得不面对没有她的生活，并努力寻找新的人生锚点。我想起当年我在洛杉矶工作的时候母亲给我写过一封信，信中说："我非常想念你。但只要你幸福，我就能承受一切痛苦。"为了母亲，我应该努力追求幸福，好好生活。

在那些艰难的日子里，昆汀帮助了我，是他给了我力量去支持我的父亲，在这个过程中，我的创伤也得到了疗愈。

我和昆汀的面谈要告一段落了，我要感谢他为我做的一切。

"现在感觉怎么样，麦克斯？"昆汀像往常一样侧着头，准备耐心倾听。

我会想念他的。

"我的工作已经步入正轨。我拿到了创意写作的硕士学位，准备多多练习写作，也许会写一本书记录这一年发生的事。"

"真开心。祝你好运，麦克斯。"

此刻我们应该拥抱一下，但我知道拥抱会打破咨询师和来访者之间的专业界限，所以，我们互相意味深长地点点头。然后，我转身离开了他的诊室。

2022 年 12 月 20 日

我们已经准备好办理过户手续。买方律师已完成转账，可我们这边的律师就是联系不上亿万富翁，于是找我帮忙。

我打电话给他，但是被转到了语音信箱。我给他留言说我们正在等他的授权。焦急地等了两个小时后，我终于收到了他的回复。他正在吃午餐，很明显刚喝了几杯。

"办手续吧。"

"您确定吗？"话一出口我就后悔了。

"是的，是的，这个报价不错……你同意吗？"

"我同意。"

"办手续吧。好好干，麦克斯，让斯利克看看。"

我喜欢这样的亿万富翁。

我让我们的律师马上给亿万富翁发信息确认，以防他又改变主意。

5分钟后她给我发信息说，已获得授权。我几乎不敢相信，这真是最棒的圣诞礼物。

2022年12月21日

萨拉仍然像往年一样举办圣诞聚会，但这次完全不同于以往。说实话，我不喜欢参加她从前搞的那些聚会：一进门，所有人都会从头到脚地打量你、审视你，衡量你对他们来说是否有价值。很明显，我是个毫无价值的人。我参加聚会是因为喜欢萨拉，也喜欢当时的斯宾塞。我总是准时到达，和他们聊一会儿，然后在半个小时之后悄悄离开。

这次来开门的是萨拉的孩子们，而不是管家。朋友们聚在一起喝着鸡尾酒，吃着点心，有说有笑，气氛温馨而融洽。一层有个开放式的大空间，可以容纳四十多个人，一点都不拥挤。还有几个朋友站在花园里聊天。

萨拉今天打扮得很漂亮，看起来心情特别好。

我走过去和她打招呼。

"我喜欢这样的聚会氛围，你的状态也很好。"

"谢谢，麦克斯。今年的来宾是全新组合，新邻居加上老朋友。斯宾塞也来了。"她给我指了指。

"和那个普拉提教练一起吗？"

"没有，他们好像分手了。"萨拉向房间里的某个人挥了挥手。

"那你们俩又在一起了吗？"

"我还不确定，他想要复合，为了孩子我会考虑，但是……"

斯宾塞朝我们这边走了过来。

"嗨，麦克斯。很高兴见到你。"

"嗨，斯宾塞。"

"你为萨拉找的这个房子真不错，她很喜欢。"

"是啊，她亲手把这里打造成了一个家，真正意义的家，一个温暖而且幸福的地方。"

2022 年 12 月 30 日

我回家和父亲以及家人一起度过了圣诞节。

生活不像简·奥斯汀的小说，翻到最后一页，所有的问题都得到妥善解决。但今年的年末，很多事情还是迎来了圆满的大结局。

福蒂斯丘已经安顿下来，而且生活得很幸福。

亿万富翁的房子成功出售。

萨拉比以前更加强大、坚定，随时准备应对生活的各种挑战。

达米安和娜塔莎重归于好，一起过了一个开心的圣诞节。

约翰在群里更新了他的最新情况，明年1月初他就要开始排练了，现在准备去蒙特西托和朋友们聚会。

新的一年还会有新的冒险：洛杉矶投资人、"田纳西·威廉斯戏剧的主角"露西-安妮，当然也少不了亿万富翁的精神折磨，还有和斯利克的斗智斗勇。

生活还在继续。

房子是生活的写照：你永远不知道下一个转角会遇到什么。

我们寻找房子，把房子变成自己的家，与心爱的人共享家的温暖。

这就是生活。

Acknowledgements

致谢

这本书能够顺利出版，我要感谢很多人。

首先要感谢我的朋友乔安娜·范德伯格，当年是她鼓励我去攻读创意写作硕士学位。感谢我的导师哈尼夫·库雷西[1]，我从他那里学到了如何保证作品的真实性。感谢编辑艾莉森·比尔德的信任，她为我在《金融时报》（*Financial Times*）开设了《秘密经纪人》专栏，这本书的素材也由此而来。

正如你们在书中所看到的，我和大部分客户的合作都是愉快的，而且很多客户后来都成了我的朋友。我也要感谢那些比较棘手的客户，和他们打交道让我拥有了一种宝贵的品质，那就是耐心。

---

1 哈尼夫·库雷西（Hanif Kureishi），巴基斯坦移民后裔。他多才多艺，作品包括舞台剧本、小说、广播剧及电视电影剧本等。他是电影导演，也是继萨尔曼·拉什迪之后在世界文坛取得重大成就的亚裔作家。

感谢我的同事们，和他们在一起，我觉得每天的工作都很开心。如果没有他们，我想工作和生活都会变得无聊。

感谢 Headline 出版公司的萨拉·埃姆斯利对这本书有信心，感谢我的编辑霍莉·珀德汉姆，是她的专业和负责让这本书变得更好。

在本书的出版过程中，我要特别感谢 ANA 公司的夏洛特·梅里特，是她帮我找到了写作的方向，在我遇到困难的时候无私地提供帮助，并且给了我许多重要的指引。没有夏洛特，就不会有这本书。谢谢你。

还有太多要感谢的朋友，无法在这里一一列举。感谢我的父亲和萨芙伦·韦斯给了我一个温暖的港湾，让我安心写作。感谢雅娜·斯图尔特、西蒙·霍姆伯斯利和简·汤普森给我的关爱与支持，我一定会好好回报你们的。

最后，感谢我的挚友约翰·赫德尔斯帮助我修改书稿，你就是我永远的坚强后盾。